- 장진홍 의사 항일 투쟁기 -

멈추지 않는 강물처럼

멈추지 않는 강물처럼

발행 | 2025년 12월 26일

지은이 | 김신곤
발행인 | 신중현
책임편집 | 양성애
책임교정 | 박선아
마케팅 | 신호철

발행처 | 도서출판 학이사
출판등록 | 제25100-2005-28호

대구광역시 달서구 문화회관11안길 22-1(장동)
전화_(053) 554-3431, 3432 팩시밀리_(053) 554-3433
홈페이지_http://www.학이사.kr
이메일_hes3431@naver.com

ISBN_979-11-5854-599-4 03990

- 장진홍 의사 항일 투쟁기 -

멈추지 않는 강물처럼

김신곤 지음

學而思│학이사

시대를 관통하며 흐르는 정의와 불의의 기록

　암흑시대인 일제강점기, 안중근·윤봉길·이봉창 등 목숨
을 걸고 독립운동을 한 의로운 인물은 매우 많다. 하지만 역사
속에는 이들 외에도 이름이 덜 알려진 별이 있다. 어둠 속에서
홀로 빛을 낸 이들의 이야기는 시대의 풍파에 휩쓸려 잊히곤
한다. 장진홍이라는 이름 또한 그러하다.

　1895년 경북 칠곡에서 태어난 장진홍 의사는 일제의 강압
통치와 감시 속에서도 대담하게 민족의 흡혈귀 역할을 하던
조선은행 대구지점을 폭파한 장본인이다. 대한제국 방방곡곡
과 만주, 러시아 하바롭스크, 일본 오사카와 도쿄를 거쳐 다시
조국의 감옥에서 스스로 생을 마감할 때까지, 대한의 독립을
위해 끝없는 투쟁을 이어간 의인이다.

　장진홍의 굵고도 짧은 삶의 여정은 오늘날 우리 후손들이
누리고 있는 자유의 씨앗이 되었다. 광복 80주년을 맞이한 오

늘, 우리는 그 이름을 다시 불러내어 흙 속에 묻힌 진주알처럼 영롱하게 빛나는 그의 삶을 마주하고자 한다. 이 이야기가 한 영웅의 일대기를 넘어, 불의에 맞선 선조들의 희생 앞에 경건하게 머리 숙이는 숭고한 의식이 되길 바란다.

장진홍의 삶은 한 세기 전부터 이어져 온 거대한 사상의 물줄기, 바로 한주학파(寒洲學派)의 유림 정신과 맞닿아 있다. 이 학파는 고령, 성주, 거창, 합천, 창녕, 산청 등 경북 서남부와 경남 북동부의 선비들을 중심으로 형성되었다. 이 유림 학맥은 퇴계 이황의 사상을 바탕으로 삼으면서도 서구의 이념에 개방적인 자세를 취했다.

1860년대, 한주 이진상을 중심으로 면우 곽종석과 심산 김창숙 등으로 이어지던 한주학파는 1878년 성주 월항면 서진산 선석사(禪石寺) 학술 모임을 계기로 크게 성장하였다. 이후 조선 말기와 일제강점기, 외세와 일제의 국권 침탈에 저항하며 독립운동의 산실 역할을 하게 된다.

이들의 유림 정신은 서릿발같이 매섭고 준엄하였다. 을사늑약 체결 당시 도포 자락을 휘날리며 상소의 피를 뿌렸고, 파리장서운동을 주도하며 항일정신을 만천하에 알렸다.

장진홍 선생은 이런 정신을 이어받아, 붓 대신 폭탄을 들고 암흑시대의 유혈 투쟁을 시작하였다. 동지들과 함께 꺼지지 않은 독립운동의 불씨를 이어 나갔다. 그 불씨는 횃불이 되었고 또다시 불씨가 되어 끊임없이 전승되었다. 그렇기에 장진홍의 삶은 단순한 개인의 이야기가 아니다. 시대의 슬픔을 온몸으로 짊어진 선구자의 기록이며, 모두의 피를 끓게 하는 뜨거운 정신적 유산이다.

불꽃 같은 그의 삶은 어느 개인사보다 거칠고도 의로웠다. 불의에 항거하는 항의정신, 만주와 연해주에서 벌인 피비린내 나는 전투, 심산 김창숙을 비롯한 유림 동지들과의 생사를 함께한 끝없는 연대, 그리고 조선은행 폭탄 의거까지. 모든 행적은 오직 '정의'를 향한 외침이었다.

이 이야기는 시대를 관통하며 흐르는 정의와 불의의 기록이다. 장진홍 의사의 삶은 수많은 기록의 파편 속에 무질서하게 혼재되어 있었다. 그래서 가장 공신력 있는 자료를 토대로 이야기를 구성하고자 애썼다. 이야기의 바탕이 된 논문은 충남대 이성우 강사가 2017년 『한국 독립운동사 연구』 제57집에 발표한 「창려 장진홍의 생애와 조선은행 대구지점 폭파의거」이다.

1955년 2월 15일 국한문혼용체로 발행된 『순국 의사 장진홍 선생 유사(遺史)』(순국 의사 장진홍 선생 기념사업회 편, 문창사) 등 독립기념관 소장자료도 참고했다. 이 책에 사용된 일부 사진 자료는 독립기념관에서 제공해 준 것임을 밝힌다.

관련 자료와 사진기록을 제공해 준 독립기념관에 감사를 드린다. 역사적 흐름을 이해할 수 있도록 주요 등장인물의 면면은 뒤쪽에 수록했으며, 모두 싣지 못한 점은 양해를 구한다.

2025년 12월
김신곤

차례

하바롭스크 전장에서

1918년 7월 25일, 밤의 장막이 시베리아 극동 야산에 고요히 내려앉았다. 한바탕 포탄의 굉음과 총성이 휩쓸고 지나간 자리. 남은 것은 정적과 여름밤의 서늘한 냉기뿐이었다. 땀에 젖은 장진홍의 군복은 몸에 달라붙어 한기를 느끼기에 충분했다. 손에 쥔 러시아제 모신나강 소총의 총열에서는 차가운 금속 특유의 감촉이 느껴졌다.

당시 러시아는 볼셰비키 혁명군과 왕정복고를 꿈꾸는 반혁명 세력 간의 적백내전(赤白內戰)이 치열하게 전개되고 있었다. 혁명군의 붉은 깃발 아래 뭉친 적군(赤軍)과 반혁명군의 흰색 깃발 아래 모인 백군(白軍) 간의 내전은 극으로 치닫고 있었다. 한인 의병들은 적위대(赤衛隊)라는 이름으로 적군 편에 섰다.

위장막으로 가려진 임시 막사 안, 러시아 혁명군 편에 선 50여 명의 한인 적위대원들이 고단한 숨을 내쉬고 있었다. 한 달 전 이곳에 배치되었을 때만 해도 100명이 넘던 동지들은 이미 절반이 대지 위에 쓰러지거나 행방불명되었다. 깡마른 몸과 초췌한 얼굴은 처참한 상황을 대변하고 있었지만, 눈빛만은 여전히 타올랐다. 그것은 결코 꺼지지 않는 조국 독립의 염원이었다.

장진홍은 깊은 생각에 잠겼다. 귓가에는 이곳으로 배치되기 전, 적위대 통합 독립군 사령관 이동휘 선생의 연설이 생생하게 울려 퍼지는 듯했다.

"동지들! 우리는 지금 러시아 내전이라는 폭풍우 속에 서 있다. 표면적으로는 적군과 백군의 싸움이다. 하지만 우리의 눈은 저 북쪽 시베리아 철로로 물자와 병력을 수송하는 일본군을 향해야 한다. 알다시피 백군을 지원하는 세력은 일본 제국주의다. 그들은 러시아를 삼키고, 나아가 우리 조선을 영원한 식민지로 묶어두려 한다. 우리가 이 전쟁에 뛰어든 이유는 명확하다. 이 땅에서의 승리가 곧 조국의 독립을 앞당기는 길이기 때문이다."

날이 밝을 무렵, 피비린내 나는 전투가 다시 시작되었다.

새벽 어스름을 뚫고 일본군의 지원을 받은 백군의 공세가 거세게 밀려들었다.

"탕, 탕, 탕, 콰앙!"

여기저기서 총소리와 폭발음이 귀를 때렸다. 흙먼지가 구름처럼 산을 뒤덮고, 곳곳에서 비명이 끊이지 않았다. 수적 열세인 한인 적위대는 백군의 총공세에 맞서기엔 역부족이었다. 산을 넘고 또 넘어 후퇴를 거듭했다.

이렇게 일진일퇴의 처절한 공방을 벌이며 전투는 8월을 넘겼다.

어둠이 하바롭스크를 감싸던 9월 1일 밤, 다시 총성이 싸늘한 대지를 갈랐다. 무겁게 내려앉은 어둠 속에서 백군과 일본군 연합 부대가 도시 외곽을 향해 거대한 톱니바퀴처럼 밀고 들어왔다. 그것은 죽음의 행진이었다.

한인 적위대는 도시 외곽 언덕에 매복하고 있었다. 장진홍의 눈빛은 어둠 속에서도 번뜩였다. 그는 차가운 대지에 몸을 숨긴 채, 조국의 독립이라는 거대한 꿈을 가슴에 품고 있었다. 야간 잠행 훈련에서 익힌 전술들이 머릿속을 스쳐 지나갔다. 적에게 치명타를 입히고, 그 차가운 땅에서 살아남아 싸워야만 했다.

그에게 총은 무기 이상의 의미가 있었다. 조국 독립을 향한 염원이자, 굳은 의지 자체였다.

"나는 조국의 독립을 위해 이 총을 들었다."

나지막한 속삭임이 서늘한 바람을 타고 흩어졌다.

숨 막히는 긴장감 속에서 적들의 검은 그림자가 사정거리 안에 들어오는 순간, 장진홍의 손짓과 함께 섬광탄이 터졌다. 대지는 대낮처럼 환해졌고, 혼란에 빠진 적들은 비명을 지르며 우왕좌왕했다. 그 틈을 놓치지 않고 한인 적위대원들은 숲 속으로 몸을 날렸다.

기습 공격으로 적은 큰 혼란에 빠졌지만, 승기는 이미 기울고 있었다. 압도적인 병력과 화력을 앞세운 백군이 도시를 장악하는 것은 시간문제였다.

다음 날 아침, 잿빛 연기가 피어오르는 하바롭스크는 백군의 깃발 아래 정복당하고 말았다. 참혹한 패배였다. 한인 적위대는 수많은 동지를 잃고 뿔뿔이 흩어졌다. 한주학파 동지인 이국필은 총상을 입어 쓰러져 있었고, 김정묵은 행방불명되었다.

그러나 이국필은 끝내 살아서 조국으로 돌아왔다. 1920년 전북 무주에서 의열단과 함께 항일투쟁의 선봉에 섰던 그는, 그해 12월 일본으로 밀항하는 결단을 내렸다. 적의 심장부

후쿠오카현에 거점을 마련하고 일본 땅에서 항일투쟁을 이어갔다.

1923년, 이국필은 관동대지진의 혼란 속에서 무고한 한인들이 학살당하는 비극을 눈으로 보고 크게 분노했다. 뜻을 같이하는 동지들과 상화회(相和會)라는 비밀결사를 조직했다. 그는 무고한 희생에 맞서 싸우며 독립의 불씨를 지켜나갔다.

김정묵은 시베리아 벌판에서 기적적으로 살아남아 상하이로 향했다. 대한민국 임시정부 문을 두드렸고, 곧 경상도 대표 의원으로 선출되며 새로운 투쟁의 길에 합류했다. 1925년, 그는 의열단에 합류하였다.

그 뒤 심산 김창숙의 제2차 유림단 의거를 뒤에서 도우며 조국의 독립을 위해 헌신했다. 한주학파의 맥을 이은 이들의 심장은 모두 하나의 목표를 향해 뛰고 있었다. 오로지 조국 독립이었다.

장진홍은 찢어진 깃발을 품에 안고 홀로 숲을 빠져나왔다. 눈동자엔 패배의 슬픔과 분노가 서려 있었다. 간신히 정신을 가다듬고 주변을 살펴보았다. 살아남은 동료는 10여 명뿐이었다. 통합 독립군 적위대의 지휘부도 보이지 않았다. 하바롭스크 전투는 그렇게 실패로 끝났다.

이 소득 없는 전쟁은 1917년 10월, 레닌의 볼셰비키 혁명과 무관치 않았다. 노동자와 병사들의 함성은 로마노프 왕조를 무너뜨렸고, 역사는 새로운 방향으로 꿈틀거리기 시작했다. 그러나 혁명의 혼란 속에 새로운 갈등이 싹텄다. 혁명에 성공한 적군과 왕정복고를 꿈꾸는 백군 간의 내전이었다. 이념 대립은 러시아를 피로 물들였고, 그 광풍은 동아시아에까지 영향을 미쳤다.

장진홍이 선 곳은 하바롭스크의 낯선 전장이었지만, 가슴을 옥죄는 건 익숙한 적들의 그림자였다. 러시아와 일본은 1차 세계대전의 연합국이었다. 하지만 불과 10여 년 전 한반도와 만주 지배권을 두고 벌였던 러일전쟁의 앙금은 여전히 남아 있었다. 일본은 러시아 내전을 자국 세력 확장의 기회로 삼았다. 백군을 지원하며 극동 이권을 노렸다. 이념전쟁 뒤엔 제국주의적 욕망이 소용돌이치고 있었다.

장진홍은 이 전쟁이 단순한 내전이 아님을 직감했다. 볼셰비키의 사회주의 혁명 이념에서 항일투쟁의 희망을 엿보았다. 제국주의와 식민체제를 부정하는 그들의 사상은 잃어버린 조국을 되찾을 새로운 기회처럼 느껴졌다.

마찬가지로 한인사회당을 이끌던 이동휘도 이 기회를 놓치지 않으려 했다. 적군과 연합해 승리한다면, 그 대가로 독립 자금과 무기를 얻을 수 있으리라 믿었다. 적군 지휘부로부터 은밀한 약속도 있었다. 그들의 굳은 믿음으로 전장이 더욱 뜨겁게 달아올랐다.

장진홍은 이심전심으로 한인사회당 독립군 부대 소속으로 적위군에 합류했다. 총성이 빗발치는 전쟁터에서 동지들이 하나둘 쓰러지는 모습을 보면서도, 독립에 대한 결의를 더 처절하게 다져가고 있었다. 이 전투는 항일 무장투쟁의 첫 실전이자, 살아남아 반드시 독립을 쟁취하겠다는 비장한 맹세였다. 백군과의 전투에는 이위종, 김알렉산드라(김애리), 고려인 비정규군도 함께했다.

그러나 전투는 예상과 달리 흘러갔다. 적군(赤軍)이 하바롭스크에서 패배하면서 도시는 백군에게 함락되었다. 많은 이들이 전사하거나 행방불명되었고, 장진홍은 홀로 남겨졌다. 이 패배는 가슴에 깊은 상처를 남겼으나 어떤 시련에도 굴하지 않는 강인한 의지를 심어주었다. 그의 투쟁은 이제 시작이었다. 러시아 내전은 이후 1922년 6월까지 지루하게 이어졌다.

항의정신, 시험대에 서다

　지난 일들이 주마등처럼 스쳐갔다. 장진홍은 경북 칠곡에서 인명학교(仁明學校)를 다닐 때부터 일본에 대한 적개심을 키워왔다. 한주학파의 문인 겸와(謙窩) 장지필 선생 밑에서 철저하게 항의정신(抗義精神)을 배웠다. '불의에 침묵하지 말라' 는 항의정신은 한주학파 선비정신과 맞닿아 있었다.

　장진홍은 이내성과 자주 만나 항일 의지를 다지고 또 다졌다. 인명학교 선배인 이내성은 그보다 두 살 위였다. 장진홍이 어엿한 청년으로 성장한 뒤, 두 사람은 함께 농촌 계몽운동에 나섰다. 지역을 돌며 배움의 필요성을 역설했다.

　배움은 단순히 글자를 가르치는 일이 아니었다. 왜 우리가 이토록 가난하고, 왜 이 땅을 빼앗겼는지를 깨닫게 하는 것이었다. 우리를 옥죄는 것이 일제만이 아닌 낡은 신분제와 무지라는 사실을 깨우치게 하는 일이었다. 그것이 바로 어둠 속에서 빛을 찾는 이유가 되었다.

1905년 9월, 러일전쟁을 마무리하기 위해 미국 포츠머스에서 들려온 소식은 대한제국의 하늘을 검게 물들였다. 미국 루스벨트 대통령의 중재로 맺어진 러일 강화조약은 일본에게 대한제국을 지배할 권리를 허락하였다. 대한제국에는 사망선고나 다름없었다. 일제는 그 여세를 몰아 그해 11월 17일 피 묻은 칼을 휘둘러 을사늑약(乙巳勒約)을 체결했다. 대한제국의 외교권을 강탈하고 한민족의 목을 옥죄기 시작했다.

이토 히로부미가 초대 통감으로 부임하면서 대한제국은 서서히 숨통이 끊어지고 있었다. 모든 희망이 꺼져가던 절망의 시대, 고종 황제는 마지막 희망을 안고 헤이그 만국평화회의에 특사를 파견했다. 이준, 이상설, 이위종 세 영웅은 먼 이국땅에서 조국의 억울함을 호소했다. 하지만 그들의 목소리는 회의장에 닿지도 못한 채 흩어지고 말았다.

1907년 7월 마지막 날 밤, 고종의 강제 퇴위를 반대한다는 이유로 대한제국 군대가 해산되자 전국에서 의병들이 들불처럼 일어났다. 그들은 낡은 총과 칼을 들고 빼앗긴 조국의 이름으로 일제에 맞섰다. 그리고 1909년 10월, '안중근'이라는 이름이 만천하에 울려 퍼졌다. 하얼빈역에서 이토 히로부미의 심장을 꿰뚫은 총성은 그저 복수가 아니라 죽어가는 조국의 비명이자, 꺾이지 않는 우리 민족의 의지였다.

이어서 맞이한 1910년 경술국치(庚戌國恥)는 대한제국의 모든 걸 앗아갔다. 나라의 주권을 송두리째 빼앗긴 백성들은 절망에 빠졌다. 일제는 조선총독부를 앞세워 무자비한 무단통치를 시작했다. 길거리에는 헌병들이 활보하고, 자유는 철저히 짓밟혔다.

이내성은 이 모든 과정을 지켜보며 가슴속에 끓어오르는 분노를 주체하지 못했다. 장진홍을 만날 때마다 일제의 만행에 피를 토하듯 울분을 감추지 않았다. 두 청년의 대화는 늘 한결같았다.

"어찌 우리가 이 억압 속에서 침묵할 수 있겠나!"

일제의 탄압이 거세질수록 독립운동가들은 만주, 연해주, 미주 등 낯선 땅으로 망명의 길을 택했다. 망향의 한을 품고 독립운동 기지를 건설하고, 독립군을 양성하며 새로운 투쟁의 길을 모색했다.

이내성과 장진홍의 가슴속에서도 민족의 울분과 독립의 열망은 더욱 뜨겁게 타올랐다. 이들은 곧 깨달았다. 계몽운동만으로는 이 거대한 폭력에 맞설 수 없다는 것을. 그리고 마침내 새로운 길, 무장투쟁의 길을 선택하게 되었다.

"나 또한 실력을 쌓아 무장투쟁에 동참하리라. 선생님의 가르침을 실행하는 것만이 독립을 쟁취하는 길이다."

장진홍은 스승 장지필 선생으로부터 왜 나라를 빼앗겼는지, 그리고 이 암흑 속에서 어떻게 조국의 빛을 되찾아야 하는지를 뼛속 깊이 새겼다. 뜨거운 민족애와 굳건한 신념을 되새기며, 스승이 만든 독립군가를 흥얼거렸다.

"일어나라, 대한 남아들아! 굳게 맹세하여 뜻을 세우자……."

1914년 4월, 장진홍은 일제에 의해 개편된 조선보병대에 입대했다. 그 목적은 분명했다. 군대 운영 방식과 훈련을 통해 실전 경험을 익히고, 훗날 무장투쟁의 씨앗으로 삼기 위해서였다. 차가운 일본 군복 속에서 뜨거운 민족의 피를 감추고 묵묵히 훈련에 임하며 때를 기다렸다.

1916년 봄, 제대 후 장진홍은 새로운 길에 들어섰다. 2년여의 군사 훈련으로 강인함을 새겼고, 눈빛은 흔들림 없는 결의로 빛났다. 그 곁에는 여전히 정신적 동지이자 선배인 이내성이 있었다. 이내성은 조용히 장진홍의 어깨를 잡고 새로운 이름을 속삭였다.

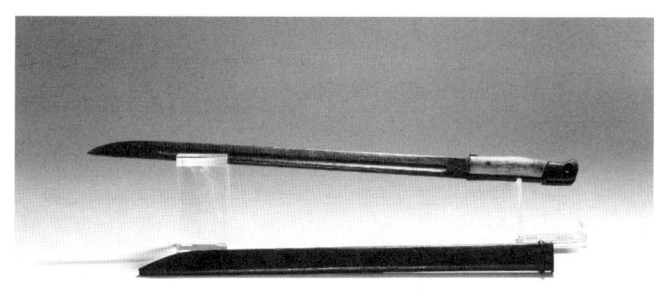

장진홍 의사 칼 (사진제공: 독립기념관)

"광복단."

1913년, 경북 풍기에서부터 시작된 이 비밀단체는 나라 잃은 백성들의 응어리진 울분이었다. 풍기의 유림과 상인들이 모여, 빼앗긴 국권을 되찾기 위해 무장투쟁을 결의했다. 그들의 의지는 삽시간에 번져나갔다. 이내성이 먼저 그 불꽃 속으로 뛰어들었고, 그 불꽃은 장진홍의 가슴에 옮겨붙었다.

1915년 음력 7월 15일, 대구 달성공원.

이 한적한 공원에는 거대한 역사의 전환점이 숨겨져 있었다. 박상진 의사가 이끄는 조선국권회복단과 풍기 광복단이 마침내 하나로 합쳐져 대한광복회가 정식 발족한 것이다. 훗날 청산리 전투의 영웅이 될 김좌진과 만주의 거목 이진룡이 합류하면서 대한광복회는 총사령 박상진, 부사령 김좌진을 중심으로 군대와 같은 조직력을 갖추게 되었다.

장진홍은 이렇게 탄생한 대한광복회에서 가장 젊은 열혈 청년이었다. 선배들의 뜨거운 눈빛과 굳건한 결의 속에서 자신이 가야 할 길에 대한 확신을 얻었다. 광복회는 군자금 모금을 위해 친일 부호와 관리들을 처단하는 의열투쟁을 전개했다. 그 칼날은 비겁한 친일파들을 향했고, 발걸음은 전국 조직 확대를 향해 멈추지 않았다.

장진홍은 이 위대한 투쟁의 한가운데서, 젊음과 열정을 조국의 독립을 위해 불태우기 시작했다. 이제 군복 대신 항일의 맹세를 가슴에 품고, 대한광복회의 이름으로 싸우는 전사였다.

1917년 11월 10일 밤.

차가운 달빛이 메마른 대지를 비추는 시각, 대한광복회의 채기중, 강순필, 유창순 등의 결사대는 소리 없이 칠곡의 친일 부호 장승원의 집으로 다가섰다. 발소리를 죽이며 한 발 한 발 전진하던 결사대원들의 눈빛이 날카롭게 빛났다. 심장은 복수와 정의의 불꽃으로 뜨겁게 타오르고 있었다.

드디어 장승원의 저택 앞, 이들은 잠시 고요한 적막을 깨뜨리며 단숨에 담장을 넘었다. 창문은 어두웠고, 집안은 쥐 죽은 듯 고요했다. 조심스럽게 방문을 열었다. 방으로 향하는 그들의 발걸음은 마치 저승사자의 행진 같았다.

결사대는 마침내 방 안으로 들어섰다. 따뜻한 이불 속에서 깊은 잠에 빠져 있던 장승원은 인기척에 놀라 눈을 떴다. 그의 눈앞에는 총을 든 사내들이 서 있었다. 공포에 질린 얼굴이 잿빛으로 변했다.

"누, 누구냐, 너희들은?"

절규에 가까운 그의 놀람에도 대원들의 결의는 흔들리지 않았다. 그들의 단호한 목소리가 어둠을 가르며 울려 퍼졌다.

"대한광복다. 친일 매국노 장승원! 네놈이 민족을 배신하고 일제의 앞잡이 노릇을 한 죄를 묻기 위해 왔다."

장승원은 공포에 질린 채 몸을 떨었지만, 이미 때가 늦었다. 차가운 총성이 방 안을 뒤흔들었다. 그의 몸은 맥없이 내려앉았다. 결사대는 그를 처단한 뒤 포고문을 집 대문에 붙이고 조용히 사라졌다.

"우리의 의거는 하늘의 뜻이자 민족의 뜻이다. 이 큰 죄악을 세상에 알린다. 친일하는 동포들에게 경고하노라. 이는 광복회 회원들이 세상에 선포하는 바이다."

총소리에 놀란 하인들이 달려왔을 때는 이미 모든 게 끝나 있었다. 그들은 핏자국으로 얼룩진 방을 보고 잔뜩 겁먹은 얼굴로 서 있었다. 하지만 그 눈빛에는 공포 외에 알 수 없는 희열이 스며 있었다.

이 사건으로 대한광복회의 존재가 수면 위로 드러났다. 박상진은 대한제국 무관학교를 졸업하고 평양지방법원에서 법관으로 근무했다. 그러나 나라가 빼앗긴 현실 앞에서, 법정에서 정의를 실현하는 것으로는 조국을 구할 수 없다는 결론에 도달했다. 그 길로 독립운동에 투신했다.

장진홍은 이들과 함께하며 독립운동의 강령을 익히고, 동지들과 함께 다양한 방식의 저항을 모색했다. 군 복무 경험은 광복단의 무장투쟁 노선과도 깊이 닿아있었다. 이 활동은 영남의 한주학파 인물들과도 밀접히 연결되어 있었다.

대한광복단은 유림의 실천적 유교정신을 계승하면서 의열투쟁을 전개했다. 그 치열한 투쟁은 일제와 친일파들에게 공포를 안겼고, 국내 독립운동의 불씨를 되살려냈다.

광복단의 친일 부호 처단 활동이 드러나자, 일제 경찰은 전국적인 검거망을 구축했다. 친일 밀정을 동원해 동향을 파악하고, 체포된 단원들에게는 혹독한 고문이 이어졌다. 남겨진 흔적과 포고문을 바탕으로 상호 연관성을 분석하며 조직의 정체를 파악해 나갔다.

1918년 2월, 박상진은 안동에서 국외 탈출을 시도하던 중 어머니가 위독하다는 소식을 접했다. 그는 탈출 계획을 잠시 멈추고 곧장 고향 경주 녹동으로 발길을 돌렸다. 이를 예상한 일제 경찰은 마을 곳곳에 매복해 있었다. 새벽 공기를 찢으며 경찰들이 외쳤다.

"꼼짝 마!"

박상진은 총구를 겨눈 채 둘러싼 경찰들 앞에서 미동도 하지 않았다. 그 눈빛은 고요한 호수처럼 흔들림 없었지만, 다가오는 고난을 예감한 듯 쓸쓸함이 어른거렸다.

체포된 박상진 총사령은 대구로 압송되어 고문실로 끌려갔다. 쇠약해진 몸에도 끝까지 입을 열지 않았다. 몽둥이질, 물고문, 전기충격 같은 잔혹한 고문이 이어졌다. 하지만 그의 입에서는 신음 외에 어떤 이름도 나오지 않았다. 조국과 동지를 위해 모든 고통을 홀로 감내했다.

박상진이 검거된 이후, 대한광복회 핵심 간부 역시 차례로 붙잡혔다. 초반에는 김한종이, 8월에는 전남 목포에서 채기중이 검거되었다. 주요 인물들이 속속 체포되면서 조직의 숨통은 서서히 조여들었다.

여러 차례의 고문과 긴 옥고 끝에, 박상진 총사령은 1921년 8월 11일 대구형무소에서 순국했다. 그의 나이 37세. 마지막 순간까지 "대한 독립 만세!"를 외치며 형장으로 향한 그의 의연함은 조국을 위한 불굴의 의지를 그대로 보여주었다.

무장투쟁을 하던 동지들이 잇따라 잡혀갔다는 소식과 함께, 장진홍에게도 하나의 메시지가 전해졌다. 더 이상 국내에 머무르기 위험하다는 이내성의 경고였다. 만주로 가자고 했다. 이내성은 국내외 독립운동 정세에 정통한 인물이었다.

이내성의 권유를 받은 장진홍은 결연한 표정으로 짐을 꾸렸다. 그해 2월, 칼날 같은 찬바람을 맞으며 압록강을 건넜다. 강 건너편에는 광활한 만주 벌판이 펼쳐져 있었다. 망명길에 오른 그의 눈빛은 흔들림 없었다. 그러나 마음 한편에는 체포된 동지들에 대한 안타까움과 미안함이 깊게 자리 잡고 있었다.

장진홍은 봉천(奉天, 현재의 심양)으로 향했다. 국내에서 미완의 숙제를 남긴 채. 다시 조국의 독립을 위해 일어서야 하는 새로운 투쟁의 시작이었다. 얼어붙은 압록강을 건너 들어선 만주 벌판. 발걸음은 고단했지만, 눈빛은 여전히 활활 타오르고 있었다.

혹독한 추위가 뼛속까지 스며드는 봉천의 한 변두리, 운명처럼 정해진 만남이 기다리고 있었다. 이곳까지 온 것은 다름 아닌 동고동락해 온 이내성과의 끈끈한 인연 때문이었다.

차가운 천막 안, 희미한 모닥불가에 익숙한 얼굴이 모여 있었다. 김정묵, 이국필 등 이름만 들어도 가슴이 뜨거워지는 동지들이었다. 조국이 유린당하는 현실 앞에서 붓 대신 총과 칼을 든 사람들이었다. 그들의 마음속에는 한 세기 전부터 이어져 온 한주학파의 기개, 즉 불의에 침묵하지 않는 항의정신이 흐르고 있었다.

이들의 만남은 결코 우연이 아니었다. 시대가 불러낸 운명의 결합이자, 조국의 비극을 온몸으로 짊어지려는 맹세였다. 차가운 바람이 천막 틈새로 스며들었지만, 그들의 뜨거운 열망을 식히지는 못했다. 그들은 머리를 맞댄 채, 피 흘리는 조국을 위해 무엇을 할 수 있을지 치열하게 논의했다.

정적을 깨고, 한 사람이 결연한 목소리로 말했다.

"오직 총만이 우리의 억울함을 대변할 수 있소."

붓으로 세상을 바꾸지 못했던 지식인들의 절규이자, 빼앗긴 주권을 무력으로 되찾겠다는 선언이었다. 이제 죽음을 불사하고 총을 들고, 일제의 심장을 향해 나아가야 할 시간이었다. 만주의 작은 천막 안에서 기대와 희망의 기운이 조용히 싹트고 있었다.

논의를 마친 장진홍은 이국필과 함께 험난한 여정을 시작했다. 목적지는 러시아 하바롭스크였다. 당시 러시아는 볼셰비키 혁명과 내전으로 극심한 혼란에 빠져 있었다. 그 혼란 속에서 한인 독립운동가들은 새로운 거점과 무장투쟁의 무대를 찾을 수 있었다.

이들은 뼛속까지 시린 시베리아의 바람이 휘몰아치던 하바롭스크에서 조국 출신 청년들을 규합하기 시작했다. 장진홍은 조선보병대에서의 경험을 바탕으로 뜻을 함께한 이들 젊은 독립군의 훈련을 이끌기 시작했다.

설원 위로 눈보라가 휘몰아치던 어느 새벽이었다. 100여 명의 청년들이 줄지어 훈련장에 섰다. 숨결은 흰 김이 되어 흩어졌다. 눈빛 속엔 고향에 대한 그리움과 식민지의 설움을 이겨내려는 분노가 뒤섞여 있었다.

그 앞, 대열 가장 앞자리에 선 지휘관이 바로 장진홍이었다. 체구는 남들보다 크지 않았지만, 몸에서 뿜어져 나오는 기개는 대열 전체를 압도했다. 그의 목소리가 차가운 하늘에 울려 퍼졌다.

"이 총성이 우리 조국의 자유를 되찾는 함성이 될 것이다!"

단호한 외침에 청년들의 어깨가 곧게 펴졌다. 차디찬 공기 속에서도 가슴은 후끈 달아올랐다.

훈련은 혹독했다. 장진홍은 『보병조전(步兵操典)』을 교본 삼아 사격술, 백병전, 전술 운용, 폭파 기술에 이르기까지 하나하나 직접 지도했다. 청년들의 팔과 다리는 피투성이가 되었다. 땀은 차가운 바람 속에서 얼어붙었지만 누구 하나 불평하지 않았다. 지휘관 스스로 가장 먼저 땅바닥을 구르고, 눈 속에서 총검을 휘두르며 앞장섰기 때문이었다.

"조국의 독립군은 강철이다! 끝까지 버텨라!"

큰 소리를 외칠 때마다 쓰러진 동지들이 다시 일어섰다. 무릎이 꺾여 주저앉은 청년에게 다가가 손을 붙잡아 일으키며, 또렷한 눈빛으로 속삭였다.

"이 고통이, 내일의 자유를 만든다. 네가 버티면 조국도 버틴다."

장진홍의 성격은 냉철하면서도 따뜻했다. 훈련 중 잘못을 범하면 누구보다 엄격하게 꾸짖었다. 밤이 되어 모닥불가에 앉으면 동지들의 상처를 직접 싸매주었다. 고향 사투리를 흘리며 농담을 건네고, 가족 이야기를 꺼내 웃음을 자아냈다. 청년들은 그 곁에서 지휘관이 아니라 동료이자 형을 보는 듯

장진홍 의사 조선보병대 시절
(사진제공: 독립기념관)

했다.

그러나 장진홍은 누구보다도 자신에게 가혹했다. 눈보라 속 철야 행군에서도, 피투성이가 되는 총검술 훈련에서도 한 걸음도 물러서지 않았다. 청년들은 그 모습에서 이끌림을 넘어 확신을 보았다.

"우리는 단순한 군인이 아니다. 우리는 독립군이다. 우리의 총 끝은 일본 제국주의를 향한다."

그 말에 청년들의 함성이 하바롭스크의 하늘을 가르며 울려 퍼졌다. 차갑던 대지가 그들의 뜨거운 의지에 후끈 달아오르는 듯했다.

밤이 되어 눈 덮인 천막 안, 등잔불 아래에서 장진홍은 수첩을 꺼내 글을 적었다. 펜 끝은 떨렸으나, 글씨는 곧고 굳세었다.

"내 몸은 작으나, 내 결심은 천하를 흔들 만큼 크다. 반드시 이 군대를 이끌어 조국의 새벽을 열겠다."

밖에서는 눈보라가 쉴 없이 몰아쳤다. 그러나 혹한도 그의 정신을 얼리지 못했다. 오히려 결심은 더욱 날카롭게 벼려지며, 조국 해방 투쟁의 선봉에 서도록 이끌고 있었다.

하바롭스크에서 장진홍은 한인사회당 예하 군사조직인 적위대(赤衛隊) 교관으로 활동하며 3개월간 군사 훈련을 담당했다. 이 경험은 이후 폭탄을 직접 제조하고 의거를 계획하는 데 중요한 밑거름이 되었다. 한인사회당 계열의 의병 적위대는 타국의 산야에서 목숨을 건 무장투쟁을 이어갔으나, 하바롭스크가 러시아 백군에게 점령되면서 결국 해산되고 말았다.

황량한 바람이 휘몰아치는 하바롭스크의 벌판.

한때 뜨거운 피로 물들었던 이 땅엔 이제 적막감만이 감돌았다. 장진홍은 한인 적위대 독립군 부대가 해산되자, 더 이상 이곳에서 독립운동을 이어갈 수 없다고 판단했다. 언제부턴가 마음속 깊은 곳엔 러시아 적군(赤軍)에 대한 의구심이 똬리를 틀고 있었다.

"우리는 그저 이용당하는 게 아닐까?"

연합작전은 번번이 어긋났다. 지원군은 약속된 시간에 나타나지 않았다. 전투가 격화될수록 한인 독립군들은 소모품처럼 희생당하는 느낌이었다.

과연 저들이 내전에서 승리한 뒤, 조선의 독립을 진심으로 도울 것인가? 그들의 승리가 곧 우리의 승리라고 믿었건만, 그 믿음은 점점 흔들리기 시작했다.

적군과 백군의 전투는 끝이 없어 보였다. 설령 적군이 이긴다 해도, 러시아는 과연 러일전쟁 패배의 족쇄에서 완전히 벗어나 일본의 영향에서 자유로울 수 있을까? 장진홍의 머릿속은 복잡한 질문으로 가득 찼다. 밤낮으로 국내외 정세를 분석하며 깊이 고민했다.

그리고 마침내 결단을 내렸다. '다시 조국으로 돌아가자.' 장진홍은 조국에서 독립운동의 불씨를 직접 지피기로 했다. 이국땅에서 싸우는 것만으로는 조국의 독립을 이룰 수 없다는 것을 절감했다. 그는 패배의 아픔 속에서 새로운 결의를 다졌다. 무장투쟁의 한계를 절감하고 일본 제국주의의 심장을 정면으로 겨누는 길을 택하기로 결심했다.

1918년 12월, 장진홍은 아무르강의 차가운 물결을 뒤로하고 떠났다. 찢어진 군복을 정리하고, 다시 압록강을 향해 결연히 발걸음을 재촉했다. 그가 향하는 곳은 다시 피와 땀으로 얼룩질 조국이었다.

그가 조국으로 돌아온 뒤에도 러시아는 일부 독립운동가들에게 여전히 희망의 땅이었다. 만주와 러시아 일대에서 활동하던 이들의 시선은 러시아의 스보보드니로 향했다. '자유로운'이라는 뜻의 이 도시는, 그 이름처럼 한인 독립군들에게 이상향으로 인식되었다. 적군(赤軍)과의 연대를 통해 무기와 군사 장비를 확보하고, 안전한 활동 근거지를 마련할 수 있으리란 믿음에서였다. 고려혁명군 최고사령관 홍범도 장군도 1921년, 뒤늦게 이 자유시 전투에 참전했다. 그러나 그 믿음은 비극적인 환상으로 끝나고 만다.

1921년 6월 발생한 자유시 참변은 독립운동 역사에서 가장 끔찍하고 비통한 사건으로 기록된다. 볼셰비키 혁명으로 승기를 잡은 소련은 더 이상 일본과의 외교적 마찰을 원하지 않았다. 소련은 독립군에게 무장 해제를 요구했고, 이에 반발한 독립군과 소련의 적군 사이에 피비린내 나는 충돌이 일어났다. 한때 동지라 불렀던 이들이 서로에게 총부리를 겨누는 참혹한 순간이었다.

수많은 독립군의 뜨거운 피가 그들의 총탄에 식어갔다. 혁명의 깃발 아래 모였던 부대는 뿔뿔이 흩어졌다. 러시아 땅에서 꿈꾸었던 무장 독립운동의 희망은 마치 신기루처럼 사라졌다. 이 비극은 독립을 향한 열정이 냉혹한 국제 정치의 현실 앞에서 무참히 꺾인 역사의 한 페이지로 남았다.

이 지독한 비극 한가운데서 조국의 자유를 위해 자신을 바쳤던 두 영웅이 있었다. 바로 이동휘와 홍범도였다. 이동휘는 소련의 배신 앞에서 깊은 좌절감을 맛보았다. 자유시 참변은 동맹이라 믿었던 혁명 세력의 칼날이 얼마나 차가울 수 있는지를 뼈저리게 깨닫게 한 사건이었다.

이후 이동휘는 상하이로 돌아가 민족주의 세력과 손을 맞
잡고 새로운 독립운동의 활로를 모색했다. 잠시 대한민국 임
시정부의 국무총리로서 민족의 염원을 하나로 모으려 했다.
그러나 내부 갈등과 자금난이라는 현실의 벽에 부딪혀 그 뜻
을 이루지 못했다. 그는 결국 조국의 광복을 보지 못한 채,
1935년 중국 땅에서 쓸쓸히 눈을 감았다.

　　홍범도 역시 봉오동과 청산리에서 큰 승전보를 전했던 영
웅이었다. 그는 자유시 참변 이후 또 다른 비극을 맞아야 했
다. 독립군으로서의 총을 내려놓고 소련군에 편입되는 비극
적인 선택을 강요받았다. 그의 삶은 낯선 땅을 떠도는 유목민
의 운명과도 같았다. 연해주에서 살다가, 스탈린의 강제이주
정책에 따라 중앙아시아 카자흐스탄으로 끌려갔다. 그곳에
서는 독립군 장군이라는 이름 대신 극장 관리인이라는 평범
한 삶을 살아야만 했다. 조국 해방을 불과 2년 앞둔 1943년,
그 먼 이국땅에서 쓸쓸히 마지막 숨을 거두었다.

　　자유시 참변은 독립운동사에 지울 수 없는 깊은 상흔만을
남겼다.

항의정신, 시험대에 서다

일제의 만행을 알리다

1918년 겨울, 혹한의 땅을 떠나온 장진홍은 조국의 흙길을 밟았다. 몸에는 러시아 혁명의 열기와 연해주의 총성이 배어 있었다. 겉으로는 조용해 보였지만, 그의 눈에는 일제의 무단통치 아래 신음하는 조국의 현실이 선명하게 들어왔다. 그는 끓어오르는 분노를 삭이며 조용히 경성의 밤을 서성거렸다.

장진홍은 가장 먼저 광복단 시절의 동지들을 찾았다. 모두 겉으로는 평범한 농부나 상인으로 살아가고 있었다. 하지만 그들의 눈빛은 여전히 살아 있었다. 그 동지들에게 먼 나라에서 들려오는 윌슨의 민족자결주의 기운과 상하이 등에서 불어오는 독립운동의 기운을 속삭였다.

1919년 1월, 고종 황제의 갑작스러운 서거라는 예상치 못한 소식이 날아들었다. 장진홍은 그 죽음이 단순한 노환이나 뇌출혈이 아님을 직감했다. '독살'이라는 소문은 삽시간에 민심 깊숙이 스며들었다. 잠잠했던 백성들의 분노는 끓어오르는 용암처럼 격렬해졌다.

　　장진홍은 더는 잠행만으로는 안 된다고 판단했다. 밤마다 동지들을 모아 고종의 장례일에 맞춰 민족의 울분을 보여줘야 한다고 설득했다. 그 설득은 분노의 선동이 아니었다. 그는 군인이었고, 혁명가였다. 행동의 당위성과 함께 민심이 모이는 거대한 움직임의 조직적 힘을 강조했다. 학생들과 유림, 그리고 평범한 농민들에게까지 그의 뜻은 점차 퍼져 나갔다.

　　2월, 마침 도쿄에서 유학생들이 2·8 독립선언을 외쳤다는 소식이 전해졌다. 이 소식은 장진홍에게 확신을 심어주었다. 이제 외로운 투쟁이 아니었다. 전국, 아니 전 세계 동포가 한마음으로 움직이고 있었다. 칠흑 같은 어둠 속에서도 희망의 빛을 보았다. 침묵 속에 숨죽였던 민족의 한이 거대한 함성으로 폭발할 날을 기다렸다.

　　그 무렵, 경성에서도 거대한 움직임이 일렁이고 있었다. 손병희를 중심으로 한 천도교, 이승훈 중심의 기독교, 그리고 불교계의 한용운 등 종교계 지도자들이 비밀리에 모였다.

독립 만세운동을 계획하고 있었다. 이들은 학생들과 연대해 전국적인 시위로 확산시킬 준비를 마쳤다.

1919년 3월 1일, 종로의 태화관은 엄숙한 침묵이 감싸고 있었다. 봄을 알리는 햇살이 창문 사이로 들어왔지만, 방 안의 공기는 여전히 차가웠다. 한복을 곱게 차려입은 노신사들이 둥근 탁자에 둘러앉아 있었다. 바로 손병희를 비롯한 민족 대표들이었다. 그들의 손에는 한 장의 문서, 독립선언서가 들려 있었다.

손병희가 낡은 안경을 고쳐 쓰고 선언서를 조심스레 펼쳤다. 목소리는 나지막했지만, 그 어떤 총성보다 강렬하게 방 안을 울렸다.

"오등(吾等)은 자(玆)에 아(我) 조선의 독립국임과 조선인의 자주민임을 선언하노라!"

첫 문장이 끝나자 방 안의 공기는 더욱 숙연해졌다. 목소리는 떨림 없이 이어졌다.

"이로써 세계만방에 고(告)하여 인류 평등의 대의(大義)를 극명(克明)하며, 이로써 자손만대에 알려서 민족자존의 정권을 영유(永有)케 하노라!"

이들은 독립선언서를 낭독한 후, 일본 경찰에 전화를 걸어

그 사실을 알렸다. 비록 평화적인 길을 택했지만, 목소리는 이미 태화관을 넘어 탑골공원에 모인 학생들의 가슴에 전해지고 있었다.

같은 시각, 종로 탑골공원에는 학생들과 시민들이 하나둘 모여들기 시작했다. 고종 황제의 장례일을 이틀 앞두고 상복을 입은 이도 있었고, 낡은 교복을 입은 학생들도 보였다. 공원 한가운데 팔각정 위에는 한 학생이 위태롭게 올라서 있었다. 그의 손에는 방금 인쇄된 따끈따끈한 독립선언서가 들려 있었다.

"대한 독립 만세!"

학생의 외침이 터지자, 공원에 모인 사람들의 눈빛이 흔들렸다. 망설임은 한순간이었다. 공원 전체가 거대한 함성으로 뒤덮였다.

"대한 독립 만세!"

만세 소리는 공원 담장을 넘어 경성의 거리로 솟구쳐 나왔다. 학생들이 선두에 서서 태극기를 흔들었다. 그 뒤를 상인, 노동자, 심지어 어린아이들까지 모두가 따라나섰다. 그 함성은 억압의 시대를 뚫고 조선 땅 전체를 뒤흔드는 거대한 파도가 되었다.

1919년 3월 5일의 경성역 앞은 발 디딜 틈 없이 거대한 인파가 몰려들었다. 1만 명이 넘는 시민들이 다시 한번 "대한 독립 만세!"를 외쳤다. 일제는 총칼을 들고 시위대를 해산시키려 했다. 사람들은 두려워하지 않았다. 한 명이 쓰러지면 열 명이, 열 명이 쓰러지면 백 명이 그 자리를 채웠다. 장진홍은 이 모든 과정을 함께했고, 지켜보았다.

경성에서 시작된 독립의 함성은 봇물 터지듯 전국으로 퍼져나갔다. 3월 중순에는 평양, 의주, 해주 등 주요 도시에서 만세 시위가 잇따라 터져 나왔다. 한 도시의 불길이 꺼지면, 다른 도시에서 다시 불타올랐다.

대구 경북도 예외는 아니었다. 1919년 3월 8일, 봄을 맞은 대구의 서문시장은 평소처럼 분주해 보였다. 그 아래에는 폭풍이 일고 있었다. 이날, 계성학교와 대구고등보통학교, 신명여학교의 학생들이 비밀리에 모였다. 손에는 숨겨둔 태극기와 독립선언서가 들려 있었다.

"대한 독립 만세!"

한 학생의 외침을 신호탄 삼아, 1천 명이 넘는 학생들이 일제히 태극기를 흔들며 만세를 합창했다. 상인들은 장사를 멈추었다. 그리고 학생들의 뒤를 따랐다. 영남 지역 독립만세운동의 불꽃이 마침내 피어오른 순간이었다.

어둠이 짙게 깔린 1919년 3월 12일 밤, 경북 칠곡군 인동 면 진평리 뒷산 기슭에 삼삼오오 사람들이 모여들고 있었다. 대구의 서문시장보다 하루 앞선 3월 7일, 계성학교 학생 이영식이 독립선언서 20장을 품고 진평동 유지이자 목사인 이상백과 이내성을 찾아왔다.

이상백과 이내성은 그의 제안에 깊이 공감했다. 곧바로 만세운동을 계획했다. 3월 12일을 거사 날로 정한 뒤 비밀리에 태극기를 만들었다. 독립선언서를 필사하며 사람들을 규합해 나갔다.

그날 밤 8시, 어둠 속에 200여 명의 주민들이 모였다. 이상백과 이내성이 그들 앞에 섰다. 차분하지만 단호한 목소리로 민족자결의 원칙과 독립의 당위성을 설명했다. 연설이 끝나자마자 누군가 먼저 외쳤다.

"대한 독립 만세!"

그 외침을 시작으로 진평리의 밤은 우렁찬 만세 소리로 가득 찼다. 사람들은 품속에 숨겨두었던 태극기를 흔들며 함성을 질렀다.

하지만 만세 소리는 일본 경찰의 총성과 곤봉 소리에 묻혀버렸다. 현장에 출동한 군경은 시위대를 무자비하게 진압했다. 이내성과 이상백을 비롯한 주동자 8명은 체포되었다. 이내성은 이 일로 징역 1년 6개월을 선고받고 옥고를 치렀다. 일제의 탄압에도 만세운동의 불길은 3월 한 달 동안, 영덕과 안동, 예안 장터, 성주 장터 등으로 걷잡을 수 없이 번져나갔다.

4월로 접어들자 만세운동은 시골장터까지 확산되었다. 대개 장날을 기점으로 모여 만세를 외쳤다. 밤에도 횃불을 밝히면서 만세운동을 벌였다. 면사무소와 주재소를 향해 돌멩이를 던지는 시위가 이어졌다.

천안 아우내 장터에서는 4월 1일, 유관순이라는 어린 소녀가 독립 만세를 외치다 일본 경찰에게 체포되었다. 수원 제암리에서는 만세운동을 벌이던 마을 주민 23명이 교회에 갇힌 채 일제 군경에 의해 학살당하는 참혹한 사건이 벌어졌다.

서울에서 3·1운동의 전말을 파악하고 있던 장진홍은 고향으로 돌아온 뒤, 이내성이 체포되었다는 소식을 접했다. 분노를 억누를 수 없었다. 그는 곧바로 3·1운동을 무력으로 탄압한 일제의 만행을 전 세계에 알리기로 결심했다.

부친이 논밭을 팔아 마련한 600원을 동생으로부터 전달받은 그는, 책 장사로 위장한 채 전국을 누비기 시작했다. 성주, 안동, 영덕, 군산, 천안, 서천 등지를 돌아다니며 만세운동과정의 피해 사례를 수집했다.

1919년 봄, 온 강산에 울려 퍼졌던 "대한 독립 만세!" 함성
은 총칼 앞에 잠시 잦아들었다. 거리는 피로 물들었고, 수많
은 이들이 차가운 감옥에 갇혔다. 일제는 스스로가 승리했다
고 자만했다. 하지만 그들은 무자비한 탄압이 민족의 심장에
더 뜨거운 불을 지폈다는 사실을 정작 깨닫지 못했다.

　만세의 외침은 멈췄으나 그 메아리는 꺼지지 않았다. 해외
로 흩어진 독립운동가들은 3·1운동의 실패를 교훈 삼아, 더
이상 개별적인 투쟁으로는 독립을 이룰 수 없다는 것을 절감
했다.

　중국 상하이, 낡은 건물 한구석에 모인 그들은 하나의 정
부를 세우기로 뜻을 모았다. 바로 '대한민국 임시정부' 였다.
법과 제도를 갖춘 이 정부는 흩어져 있던 독립운동 세력의 구
심점이 되었다. 길 잃은 배 같던 독립운동에 마침내 굳건한
닻이 내려진 순간이었다. 이로써 대한민국은 단순히 해방을
염원하는 민중의 외침을 넘어, 하나의 주권 국가를 꿈꾸는 뚜
렷한 목표를 갖게 되었다.

　일제는 3·1운동을 통해 무단통치가 얼마나 거센 저항을
불러일으켰는지를 깨달았다. 더 이상 무력만으로는 식민지
를 유지할 수 없다고 판단했다. 그들은, '문화 통치' 라는 새

로운 방식을 들고나왔다.

겉으로는 언론, 출판, 집회, 결사의 자유를 허용하는 듯 보였다. 그 속내에는 민족 분열을 획책하는 교활한 속셈이 숨겨져 있었다.

3·1운동은 우리 민족에게 '우리도 하나가 되면 해낼 수 있다' 는 자각을 심어주었다. 나라를 잃고 희망마저 잃어가던 백성들은 마침내 깨달았다. 어린 학생부터 노인까지 모두가 한목소리로 독립을 외쳤던 그날의 기억을 통해 다시금 독립에 대한 열망과 민족적 긍지를 되찾았다.

이 거대한 민족의 함성은 역사의 가장 어두운 시기에 빛을 던져준, 꺼지지 않는 등불로 남았다.

장진홍은 3·1운동 직후 눈앞에서 벌어진 참혹한 광경을 외면할 수 없었다. 삼천리강산 곳곳에서 벌어지는 민간인 학살, 마을 방화, 상상을 초월한 고문. 이 비극적인 진실 앞에서 침묵할 수는 없었다. 모두가 공포에 떨며 숨어 있을 때, 그림자처럼 움직였다. 군인으로서의 기질과 투쟁심은 단순한 참여자로 남게 두지 않았다.

장진홍은 자기 자신에게 중대하고도 비밀스러운 임무를 스스로 부여했다. 바로 '진실의 기록자' 였다. 그는 일제 군경의 학살과 방화, 고문 상황을 일일이 기록했다. 살아남은 이들의 증언을 생생하게 수집해 나갔다. 감시를 피해 밤낮으로 마을을 돌며 희생자들의 이름과 나이, 부상 상태를 꼼꼼히 적었다. 불에 탄 집의 흔적을 살피고, 남겨진 가족들의 이야기를 들었다.

눈앞에서 벌어진 민족의 고통은 가슴 깊이 상처로 새겨졌다. 이 작업은 취재라기보다 훗날 참혹한 진실을 세상에 알리기 위한 비장한 기록이자, 조국의 아픔을 온몸으로 짊어진 투사의 여정이었다.

파리장서로 결집된 유림정신

　장진홍이 3·1운동 피해 사례를 수집해 국제사회에 알리려 한 결심은 심산(心山) 김창숙 선생의 파리장서(巴里長書) 운동이 계기가 되었다.

　김창숙은 1919년 2월부터 영남과 호서(湖西) 지역의 유림을 찾아다니며 파리강화회의에 독립을 호소하는 서명운동을 비밀리에 추진했다.

　1919년, 제1차 세계대전의 포성이 멎은 세상은 거대한 소용돌이에 휘말렸다. "민족의 운명은 스스로 결정해야 한다."는 윌슨의 한마디는 어두운 조선 하늘에 한 줄기 번개처럼 내리꽂혔다.

　3·1운동의 함성이 전국을 뒤덮던 무렵, 김창숙은 유림의 이름이 독립선언서에 빠진 것을 통탄하며 붓을 들었다. 그는

한주학파의 큰 어른인 곽종석을 통해 장석영에게 파리장서 초안 작성을 부탁했다. 이후 김창숙은 곽종석과 함께 독립청원서 초안을 꼼꼼히 점검하며 고쳐 나갔다. 그것은 조선의 주권이 찬탈당한 통한(痛恨)과 나라를 되찾겠다는 유림 137명의 비장한 결의였다.

같은 해 2월과 3월, 김창숙은 영남의 선비들을 찾아다니며 서명을 받았다. 유학자들은 이제 오랑캐 것이라 치부하던 서구 문명에 기대어, 국제법과 외교의 힘으로 나라를 되찾는 실천적인 길을 택했다.

김창숙은 단정한 두루마기 차림으로 기차역으로 발걸음을 재촉했다. 3월 23일 밤, 그는 극비리에 봉천행 열차에 올랐다. 품 안 깊숙이 137명의 서명이 담긴 파리장서를 간직한 채였다. 낡은 보따리 하나만 지닌 초라한 차림이었지만 눈빛만큼은 흔들림이 없었다.

"이 글은 조선의 피요, 혼이다. 반드시 세계에 닿아야 한다. 내가 밟는 이 길이 곧 조국의 숨결을 살릴 불씨가 되리라."

그리고 닷새 뒤인 28일, 고단한 발길 끝에 상하이의 모처에 도착했다. 그곳은 망명한 독립지사들이 모여드는 격동의 공간이었다.

그는 곧 이동녕, 이시영, 이동휘 등 임시정부 요인들을 만났지만, 뜻밖의 소식을 들었다. 일주일 전 신한청년당 대표 자격으로 김규식이 이미 파리로 향했다는 것이다. 가슴에 서늘한 바람이 스쳤다.

"그렇다면 내가 품고 온 이 장서는…… 어디로 가야 한단 말인가."

곧 신채호, 이동녕과 머리를 맞댔다. 방 안에는 침묵과 긴장만이 감돌았다. 이동녕은 신중한 어조로 말했다.

"지금 파리로 가는 건 위험이 크고, 중복될 수 있습니다. 김규식에게 장서를 우송하는 것이 옳을 듯하오."

잠시 침묵이 흐른 뒤, 김창숙은 무겁게 고개를 끄덕였다. 그 결정이 조국을 위한 길이라면, 걸어온 고단함은 문제가 되지 않았다.

곧 낡은 보따리를 풀었다. 오래도록 품고 있던 파리장서가 모습을 드러냈다. 낡은 종이에 꾹꾹 눌러 쓴 137명의 이름이 새겨져 있었다. 방 안에 모인 이들의 눈빛이 종이에 닿자 순간 모두가 숙연해졌다.

김창숙이 장서를 두 손으로 받쳐 들며 말했다. 목소리는 나지막했지만 방 안을 울릴 만큼 힘이 있었다.

"이것은 유림의 피와 눈물이오. 부디 이 글을 파리의 각국

대표들에게 전하여, 일제의 만행을 국제사회에 알려 주시오."

장서를 받아 든 이동녕의 손이 떨렸다. 그는 천천히 장서를 읽어 내려갔다.

"…… 남의 생명을 해쳐 그 위세를 부리고, 남의 나라를 훔쳐 가로채는 경우가 아! 천하에 어찌 이리도 허다합니까? …… 햇볕의 광채로 하여금 두루 미치게 하고, 만물이 만들고 길러짐으로 하여금 흐름을 순탄하게 한다면, …… 나라를 되찾을 뿐만 아니라, 또한 도덕이 한 시대에 펼쳐져 여러 대표분들의 할 일도 마칠 수 있을 것입니다. 만약 그렇지 못하면 …… 차라리 머리를 나란히 하여 죽을지언정, 맹세코 일본의 노예는 되지 않을 것입니다. …… 대책과 방법을 세워 주시오."

깊이 고개를 숙인 이동녕은 굳센 목소리로 답했다.

"심산 선생, 선비들의 고귀한 뜻을 잘 받들겠습니다. 우리는 여기서, 김규식은 파리에서, 그리고 선생께서는 이 땅에서 각자의 역할에 최선을 다해 조국을 독립시킵시다."

그들의 눈빛이 허공에서 마주쳤다. 아무도 말을 잇지 않았지만, 그 순간 모두의 가슴속에는 하나의 다짐이 불타올랐다.

"우리가 걷는 길은 다르나, 그 끝은 오직 하나, 조국의 독립이다."

이들은 그렇게 다른 길에서 시작된 독립운동의 물줄기를 하나로 합쳤다.

서구의 현실은 냉혹했다. 파리에 도착한 김규식은 독립청원서와 유림의 장서(長書)를 영어와 불어로 번역해 각국 대표들에게 전달했다. 일본의 부당한 통치를 고발하고, 한국인의 독립 의지를 알리기 위해 밤낮없이 외교 활동에 매달렸다.

그러나 파리강화회의는 약소민족의 절규에는 귀를 닫은 냉혹한 현실의 무대였다. 전승국 일원인 일본은 조선 문제를 논의 대상에서 제외시켰다. 월슨의 민족자결주의는 패전국 식민지에만 적용되는 허울 좋은 명분일 뿐이었다.

결국 소득을 얻지 못했지만, 김규식의 외교적 노력과 김창숙의 파리장서는 헛되지 않았다. 이들의 활동은 훗날 대한민국 임시정부 외교의 밑거름이 되었고, 세상에 대한민국의 존재를 알리는 위대한 첫걸음이 되었다.

파리장서운동은 영남 유림이 주도했지만, 충청도의 김복한과 같은 17명의 호서 유림도 이 운동에 동참했다. 김복한은 을사오적 처단을 주장하고 의병을 일으켜 활동하다 여러 번 투옥된 호서의 강골 선비였다. 호서 유림은 독자적인 파리

낙동강 변의 동락공원에 세워진
장진홍 의사 동상

장서운동을 전개하다가 나중에 영남 유림과 뜻을 함께했다. 이는 유림이 학파의 경계를 넘어 오직 나라를 구하겠다는 일념으로 하나가 되었음을 보여주었다.

파리장서운동은 독립운동의 또 다른 장을 열었지만, 유림의 용기 있는 행동은 일제의 무자비한 탄압을 불러왔다. 수많은 유림이 모진 고난의 길을 걸어야 했다. 파리장서사건은 1919년 4월, 경북 성주 지역 만세운동과 연루된 사람들이 체포되면서 전모가 드러났다. 일제는 이 사건을 이른바 '제1차 유림단사건'으로 규정하고 전국적인 검거령을 내렸다.

그해 4월 2일, 경북 성주 장날에는 대규모 만세운동을 주도한 유학자 송준필의 조카뻘인 송회근 등이 일본 경찰에 체포되었다. 먼저 체포된 이들이 혹독한 고문을 견디지 못하고, 송준필 등이 프랑스 파리강화회의에 보낼 독립청원서인 파리장서 서명운동을 주도했다는 사실을 털어놓은 것이다.

이 진술을 확보한 일본 경찰은 곧바로 송준필을 체포했다. 그의 집을 수색해 관련 자료도 찾아냈다. 일제는 이 비밀스러운 독립운동 계획을 파악하고, 파리장서에 서명한 137명의 유림 명단까지 손에 넣었다. 송준필은 이 사건으로 1년 6개월간 옥고를 치렀다.

일제의 이들에 대한 검거 열풍은 독립운동 탄압을 넘어,

민족의 정신적 구심점이었던 유림의 권위를 짓밟으려는 의도적인 탄압이었다.

파리장서사건의 주축을 이룬 인물들 역시 퇴계학의 거장이었던 한주 이진상의 학맥을 이은 한주학파 문인들이었다. 이들은 더 이상 상소로 목소리를 내는 데 머물지 않았다. 국제 외교라는 새로운 무대에서 조국의 독립을 꿈꾸었다. 하지만 그 꿈은 혹독한 현실의 시련을 맞아야 했다.

1919년 4월 19일, 영남 유림의 정신적 스승이었던 곽종석이 파리장서운동 혐의로 체포되었다. 파리장서 독립청원서에 자신의 이름을 가장 먼저 올렸다. 이름을 당당하게 앞세운 행동은 자신이 주도자임을 선언하고 죽음도 불사하겠다는 의지의 표현이었다. 당시 그의 나이 74세. 대구형무소에서 고령의 몸으로 모진 고문을 당하면서도 끝내 굴하지 않았다. 항소조차 하지 않았다.

차가운 감옥에서 병을 얻은 그는 결국 일제의 폭압에 저항하다 그해 7월 19일, 중병으로 인한 형집행정지로 풀려났다. 그리고 10월 17일, 고문 후유증으로 운명을 달리했다. 이 죽음은 유림들에게 크나큰 충격과 슬픔을 안겨주었다.

장진홍과 같은 고향인 칠곡 출신 한주학파 장석영은 파리장서 초안을 작성한 죄로 같은 해 4월 체포되어 대구형무소에서 옥고를 치렀다. 그는 감옥에서도 독립에 대한 의지를 꺾지 않았다. 옥중에서도 『흑산일록(黑山日錄)』이라는 문집을 남겼다.

독립운동사 연구의 귀중한 자료로 평가받는 이 문집에는 1919년 음력 2월 4일부터 11월 1일까지 총 292일간의 기록이 담겨있다. 파리장서 초안을 작성한 과정과 체포 후 대구경찰서에 갇혔던 8일간의 구류 생활, 그리고 대구형무소에서 보낸 127일간의 옥중 생활이 생생하게 기록되어 있다. 당시 일제 경찰의 잔혹한 심문과 옥중 생활의 고초, 그리고 조국의 독립을 염원하는 지식인의 고뇌와 불굴의 의지가 담겼다.

파리장서의 총책임자였던 김창숙 선생은 중국에서 일제의 집요한 추적을 피해 다녔다.

장진홍은 김창숙 선생이 목숨을 내놓고 파리장서운동을 펼치는 심정에 공감했고, 똑같은 심정으로 일제의 만행을 수집해 왔다. 그는 며칠 내 조국 출신 승무원이 있는 미국 군함이 들어온다는 소식을 접하게 되었다.

1919년 7월, 인천항은 평소보다 더 긴장된 공기를 머금고 있었다. 여름 햇살은 부두 위로 강하게 내리쬐었다. 멀리 바다 수평선 위로 흰 돛 대신 철제의 위용을 자랑하는 미국 군함이 천천히 다가오고 있었다.

사람들의 시선은 일제히 그 거대한 검은 선체에 꽂혔다. 거대한 굉음과 함께 파도가 부두 기둥을 때리자, 항구의 공기는 바닷물과 석탄 냄새, 그리고 묘한 기대감으로 뒤섞였다.

장진홍은 부두 근처 인파 속에서 군함이 정박하는 광경을 주시했다. 그는 3·1 만세운동 이후 일제에 의해 자행된 참혹한 피해 상황을 직접 조사하고, 피해자들의 증언과 자료를 모아왔다. 불타버린 가옥의 사진, 짓밟힌 마을의 이름들이 손바닥 안에 있었다. 그 모든 기록은 단순한 종잇조각이 아니라 조국의 고통이자 외침이었다.

장진홍은 그날, 그 참상을 바다 건너 세상으로 보내려 했다. 미군 하사관 김상철이 부두에 모습을 드러내자, 사람들의 시선을 피하며 조용히 다가갔다. 김상철은 경북 출신으로, 미국 군대에서 복무 중이었다. 그의 눈빛에서도 숨길 수 없는 결의가 읽혔다.

장진홍은 떨리는 손으로 두툼한 봉투를 건넸다. 안에는 몇 달 동안 목숨 걸고 모은 조사 자료가 빼곡히 들어있었다.

"김 하사…… 제발 부탁하오. 이걸 영어로 번역해…… 미국으로, 그리고 세계 각국으로 보내주시오. 우리 조국이 아직 살아있음을 알려주시오."

목소리는 낮았지만, 단단했다. 간청이었고, 동시에 명령이
었다.

김상철은 잠시 봉투를 바라보다 고개를 깊이 끄덕였다.

"알겠습니다. 제 목숨 걸고 전달하겠습니다."

그 대답이 떨어지는 순간, 부두 위를 스치는 바람이 더욱
시원하게 느껴졌다. 당시 미국 군함의 인천 입항은 우연이 아
니었다. 겉으로는 일본에 대한 외교적 인사, 혹은 선교사들의
안전을 확인하는 방문으로 보일 수 있었다. 그러나 그 뒤에는
일본의 팽창을 경계하고, 3·1운동 이후 한반도의 변화를 직
접 살펴보려는 다층적인 의도가 겹겹이 숨어 있었다.

독립운동가들은 바로 그 틈새를 파고들었다. 장진홍이 봉
투를 건넨 순간이, 바다 건너로 향하는 한 줄기 메시지가 된
셈이었다. 단순한 종이 몇 장이 아니라, 일본의 만행을 고발
하는 증거였고, 조국의 독립 의지를 전하는 메아리였다. 언젠
가 이 메아리가 태평양을 건너 세계 곳곳으로 울려 퍼지는 날
이 오리라는 것을 장진홍은 알았다. 김상철은 미국으로 돌아
간 뒤 접근이 가능한 기관단체를 찾아다니며 조국의 사정을
알렸다.

1919년 중반, 온 강산에 울려 퍼졌던 만세의 함성은 일제

의 총칼 아래 잠복해 있었지만, 그 불씨는 꺼지지 않았다. 비폭력 평화운동의 한계를 절감한 청년 독립투사들은 이제 총과 폭탄을 들고 새로운 투쟁의 길로 나섰다. 1920년대, 조국을 향한 무력투쟁의 서막이 열린 것이다.

국내는 일제 군경의 감시 아래 놓여있었으나 모든 저항이 사라진 것은 아니었다. 대한광복회의 정신을 이어받은 '광복단 결사대'는 비밀리에 친일파를 처단하고, 독립운동 자금을 모으는 활동을 이어갔다. 또한 깊은 산악지대인 평안북도 의주에서 조직된 보합단(普合團)과 한말 군인으로 이루어진 천마산대(天馬山隊) 같은 소규모 독립운동 유격대가 유령처럼 나타났다 사라지며 일제의 간담을 서늘하게 했다. 이들의 존재는 "우리는 결단코 죽지 않았다."는 무언의 함성이었다.

3·1운동 이후 만주와 연해주는 독립군의 거대한 전쟁터가 되었다. 1920년 6월, 홍범도 장군이 이끄는 연합 독립군은 봉오동 전투에서 일본군을 대파했다. 이어 10월에는 김좌진 장군의 북로군정서를 비롯한 독립군 부대가 청산리 일대에서 대승을 거두며 독립전쟁사에서 가장 빛나는 승리를 기록했다.

그러나 일본의 보복은 참혹했다. 일본군은 1920년 10월 9

일부터 11월 5일까지 연변 지역 한인들을 대량 학살한 이른 바 '간도참변'을 일으켜 무고한 5천여 명을 희생시켰다. 이후 볼셰비키의 적군에 가담한 홍범도 부대는 자유시참변이라는 비극을 겪으며 무장투쟁은 위기 국면에 접어들었다. 하지만 좌절은 없었다. 살아남은 독립군은 다시 재정비에 나섰다.

1920년대 중반, 만주 지역에는 행정, 교육, 사법 기능까지 갖춘 한인 자치공동체인 참의부, 정의부, 신민부의 3부가 성립되었다. 이들은 국내 진공작전을 통해 일제에 끊임없이 항거하며 조국독립의 불씨를 꺼뜨리지 않았다.

이런 가운데, 1919년 수립된 대한민국 임시정부는 1920년대 들어 외교와 무장투쟁 사이에서 방황하며 위기를 맞았다. 국내외를 연결하는 연통제와 교통국을 설치해 독립운동의 구심점이 되려 했지만, 외교 노선은 강대국들의 냉대 속에 성과를 내지 못하고 있었다.

1923년 상반기 동안 임시정부의 진로를 논의하기 위해 국민대표회의가 열렸으나, 이념적 갈등 속에 분열만 깊어질 뿐이었다. 신채호의 창조파와 안창호의 개조파가 노선 차이를 좁히지 못하면서 많은 독립운동가가 임시정부를 떠났다. 임시정부는 결국 침체기를 맞게 되었다.

의열단의 맥을 잇다

    임시정부의 방황 속에서도 독립운동에 기폭제 역할을 하는 단체가 조용히 싹트고 있었다. 의열단(義烈團)이었다. 약산(若山) 김원봉은 1919년 11월, 만주 길림성에서 의열단을 창립했다.

    의열단은 "오로지 무력투쟁만이 독립을 쟁취할 수 있다."는 신념 아래 '파괴와 암살'을 기본전술로 삼았다. 단재(丹齋) 신채호의 '조선혁명선언'을 행동강령으로 삼은 의열단은, "폭력은 민중의 혁명적 본능"이라 외치며 거침없이 일제의 심장을 겨냥했다. 당시 유림의 지도자였던 김창숙은 의열단의 급진적인 폭력투쟁노선을 옹호했다. 이는 독립이라는 대의 아래, 이념과 방법을 초월한 연대가 이루어졌음을 보여주는 중요한 증거였다.

1920년대 중반, 조국독립을 향한 투쟁은 만주와 상하이뿐 아니라 국내에서도 굳건하게 이어지고 있었다. 장진홍은 이 시기에 결혼 후 부산으로 내려와 있었다. 겉보기에는 평범한 삶이었지만, 내면은 조국독립을 향한 뜨거운 열정으로 들끓고 있었다.

경상도 출신 독립운동가들은 한주학파라는 깊은 뿌리를 통해 촘촘한 비밀 네트워크를 형성하고 있었다. 장진홍은 이 보이지 않는 거미줄로 상하이의 의열단 움직임을 감지하고 있었고, 심산 김창숙 선생의 거대한 뜻을 읽고 있었다. 그는 더 이상 러시아 내전처럼 소득 없는 전투에 얽매일 수 없었다. 국내에서, 보이지 않는 곳에서 스스로 투쟁을 시작하기로 결심했다. 그의 역할은 바로 정체를 숨긴 '블랙요원' 이었다.

장진홍은 일제의 감시망을 피하려고 치밀하게 신분을 위장했다. 부산항 인근 초량동에 조선일보 지국을 차려 겉으로 보기에 한낱 지국장에 불과했다. 하지만 그는 신문 배달과 영업을 담당하면서 세상 돌아가는 정세를 파악하고, 동지들과 비밀리에 연락을 주고받는 중요한 정보 통로 역할을 했다.

당시 신문 지국장은 기자의 역할까지 겸했기에, 합법적인 신분으로 지역의 동향을 취재하고 민족의식을 고취하는 기사를 다루는 이중생활을 감행했다. 1920년부터 1924년까지,

지국장이라는 위장막 뒤에 '의용군'이라는 또 다른 정체를 숨기고 있었다.

의용군은 특정 단체에 얽매이지 않고, 뜻을 같이하는 애국 지사들이 모여 결성한 유격대였다. 민중에게 독립 의지를 고취하고, 때로는 친일파 처단을 위한 정보를 제공하며 일제에 저항했다.

그의 위장은 지국장 신분에 그치지 않았다. 부산을 벗어나 전국을 떠돌 때는 약장수로 변신했다. 약장수야말로 일제의 감시를 피할 수 있는 가장 완벽한 가면이었다. 발길 닿지 않는 곳이 없는 약장수 행색으로 전국 각지의 민심을 살피고 독립운동 분위기를 파악했다.

장진홍의 삶은 그렇게 두 개의 가면을 쓰고 전개되었다. 하나는 평범한 지국장, 다른 하나는 전국을 누비는 약장수라는 가면이었다. 그러나 그 모든 가면 뒤에는 조국 독립을 향한 진짜 모습이 있었다. 그러던 중, 부산과 서울 등지에서 의열단의 의거가 불을 뿜었다.

1920년 9월 14일, 부산은 여느 날과 다름없이 해안에서 불어오는 짠 내와 석탄 냄새가 뒤섞인 공기로 가득했다. 부두 근처 상점들은 장사 준비로 분주했고, 경찰서 앞 골목도 평온해 보였다. 그러나 그 고요 뒤에는 폭풍이 숨죽이고 있었다.

오후 2시 30분, 부산경찰서의 무거운 철문이 삐걱 열렸다. 낡은 옷을 입은 상인 차림에 옛날 책이 든 보자기를 어깨에 멘 한 사나이가 문을 들어섰다. 김원봉의 지휘 아래 움직이던 의열단원 박재혁이었다.

그는 태연하게 발걸음을 옮겼다. 고서상이라는 위장은 순사들의 경계를 무디게 했다. 사무실 문 앞에서 잠시 숨을 골랐다. 문 너머, 하시모토 슈헤이 서장이 책상 뒤에 앉아있었다. 권위적인 눈빛, 더위가 지났음에도 여전히 부채질하는 거만한 손, 그리고 아무렇지도 않게 짓밟아 온 수많은 조선인의 얼굴이 머릿속에서 겹쳤다.

박재혁은 보자기에서 신문으로 곱게 감싼 물건을 꺼냈다.

"서장님, 귀한 물건이 있어서 가져왔습니다."

책상 위로 그것을 올리며 짧지만 깊게 서장을 응시했다. 그리고 낮게, 그러나 또렷하게 외쳤다.

"이것은 우리 민족의 심장입니다."

그가 폭탄을 내밀고 튀어나오는 순간, 귀를 찢는 폭음이 사무실을 집어삼켰다. 화염과 파편이 사방으로 튀었다. 유리창은 산산조각 나며 거리를 향해 쏟아졌다. 하시모토는 자리에서 그대로 쓰러져 가루가 되었고, 일본 순사들의 고함과 발소리가 건물을 뒤흔들었다.

의거 과정에서 중상을 입은 박재혁은 현장에서 붙잡혔다. 이후 대구형무소에서 혹독한 고문을 받다가 곡기를 끊고 스스로 생을 마감했다.

이 소식은 곧 부산 전역을 달궜다. 이날 부산 항구 거리를 메운 폭음은 식민 통치의 심장을 찌르는 외침이었다. 장진홍이 가슴 깊은 곳에 다짐을 새긴 날이었다.

그는 조선일보 지국장이라는 명패 뒤에서 매일 기사를 읽으며 세상 흐름을 파악했다. 하지만 그날 이후로 활자 속 문장들이 다르게 보였다. '폭탄'이라는 단어가 눈에 띌 때마다, 심장이 속삭였다.

'그 길밖에 없다. 그 길만이 제국을 흔들 수 있다.'

가슴속에도 뜨겁게 번지는 열기가 피어올랐다.

'심장을 겨눌 수 있다면, 제국도 두려워할 수밖에 없다.'

그날 이후 장진홍은 전국을 종횡무진 돌아다녔다. 블랙요원으로서 역할에 충실하기 위해서였다. 은밀한 곳에서 의열단을 만나 일제의 동향을 들려주었다. 어떻게 하면 일제의 심장을 부숴버릴 것인가를 두고 서로 열변을 토하기도 했다. 그렇게 일 년이 훌쩍 지나갔다.

박재혁 의사 의거 한 돌이 막 임박한 1921년 9월 12일, 경성의 조선총독부 건물이 폭음에 휩싸였다. 장진홍은 다소 시간이 흐른 뒤 의열단원 김익상의 총독부 의거 기사를 읽고 있었다. 몇 번이고 그 대담한 장면을 머릿속에서 재생했다. 의열단 동지가 제국의 심장부에 던진 폭탄, 그 파편이 부산까지 날아와 가슴을 찔렀다.

그렇게 한 해가 저물고 또 새해를 맞았다. 1923년 1월 12일 밤, 경성의 냉기 속에 젊은 시절 광복단 선배 김상옥이 나타났다. 그는 외투 속에 폭탄을 품고 종로경찰서를 향했다. 호흡을 가다듬고 던진 폭탄은 굉음이 되어 겨울밤을 찢었고, 불길은 경찰서를 삼켰다. 총을 뽑아 든 그는 좁은 골목으로 몸을 던졌다. 그리고 두 시간 넘게 경찰 수백 명과 격렬한 시가전을 벌였다. 총탄 세례 속에서도 500여 명의 포위망을 뚫고 바람처럼 사라졌다. 며칠 후, 어린 시절 살던 집 근처인 효제동 이태성의 집에 은신했다. 그러나 1월 22일 새벽, 1천여 명의 군경이 집 주변을 겹겹이 포위했다.

"나를 잡고 싶다면, 들어와라!"

김상옥은 홀로 양손에 권총을 움켜쥐고 1천 대 1의 사투를 벌였다. 세 시간 동안 혈투가 이어졌다. 16명의 적을 쓰러뜨리며 저항했지만, 마침내 탄창이 텅 비었다. 단 한 발의 탄환뿐이었다. 그는 마지막 한 발을 자기 머리에 겨누고 방아쇠를 당겼다. 향년 34세. 그의 죽음은 종로의 골목을 영원히 울리는 불굴의 함성으로 남았다.

　김상옥의 의거는 충격이었다. 폭탄 투척 후 두 시간 넘게 이어진 시가전, 마지막 한 발까지 쏘아 올린 저항의 불꽃. 장진홍은 부산의 하숙집에서 그 소식을 들었다. 동아일보는 보도 통제가 해제된 그해 3월 15일, 김상옥의 활약을 양면에 걸쳐 보도했다.

　구름이 잔뜩 낀 날, 장진홍은 장터의 소란을 뒤로하고 강가에 섰다. 김상옥의 마지막 총성이 귓가를 맴돌았다. 그는 특히 김상옥에게 남다른 감정을 품고 있었다. 한때 광복단에서 함께 활동했던 피를 나눈 동지였기 때문이었다.

　"나는 아직 방아쇠를 당기지 않았다. 내 손이 아직 불을 지피지 않았다."

　의열단원들의 세 번의 의거는 서로 다른 시간과 장소에서 터졌지만, 하나의 맥으로 이어져 있었다. 부산에서 시작된 폭음이 경성을 뒤흔들고, 종로의 총성으로 완성된 그 흐름 속에서 장진홍 또한 자신만의 결심을 굳혀가고 있었다.

김창숙과 암살단

1925년 1월, 매서운 겨울바람이 베이징의 골목을 휘돌았다. 중국식 처마 끝에는 길게 매달린 고드름이 바람에 삐걱거리며 땅바닥으로 떨어졌다. 허름한 집 창문 틈새로는 찬 기운이 스며들어 촛불을 위태롭게 흔들었다.

낡은 장삼에 몸을 감싼 네 사내가 앉아 있었다. 깊은 연륜이 묻어나는 심산 김창숙. 학자의 고운 필체를 지닌 손이었으나, 그 손은 이제 일제를 향한 분노와 울분으로 굳었다. 맞은편에는 젊은 혈기를 억누르지 못한 이정기가 있었다.

이들은 경북 성주와 고령에서 학문과 도를 배운 한주학파 문인이었다. 곁에는 묵묵히 차를 들이켜는 남형우와 배천택이 자리를 지키고 있었다. 한동안 무거운 침묵만이 흘렀다. 이윽고 김창숙이 입을 열었다.

"우리가 파리장서로 만방에 호소했으나, 서양 열강은 귀를 닫았소. 글로, 외교로는 더는 안 되오. 이제 칼과 화약이 나설 때요."

그 말에 이정기의 눈빛이 번뜩였다.

"선생님, 저 또한 같은 생각입니다. 글은 하늘에 닿을 수 있어도, 이 땅의 쇠사슬은 끊지 못합니다. 우리가 배운 의리라면, 칼날 위에서도 빛나야 하지 않겠습니까?"

이들 중 가장 연장자인 남형우가 조용히 찻잔을 내려놓으며 거들었다.

"우리는 학문을 위해 글을 썼지만, 그 뿌리는 백성을 지키는 데 있어. 뿌리를 살리려면, 썩은 줄기를 베어내야 하네."

김창숙의 눈빛이 더욱 매서워졌다.

"좋소. 우리가 세울 단체는 단순한 결사대가 아니오. 민족의 심장을 되살리는 망치가 되어야 하오. 만주나 몽골 접경에 독립 기지를 건설합시다. 무장 독립군을 길러내야 하오. 이를 위해선 막대한 군자금이 필요하오. 영남 유림을 규합해 20만 원을 모아내겠소."

방 안에 황량한 기운이 돌았다가, 곧 뜨거운 결의로 달아올랐다. 그러나 누군가는 현실을 물어야 했다. 남형우가 낮게 물었다.

"그 거금을 어떻게 모으겠소? 말만으로는 되지 않소."

이때 젊은 이정기가 몸을 앞으로 기울였다. 목소리는 단호
했다.

"제가 국내로 들어가겠습니다. 유림을 규합하고, 비밀결
사를 조직하겠습니다. 우리에게 필요한 것은 책이 아니라, 폭
탄입니다."

촛불은 여전히 바람에 흔들렸으나, 네 사람의 결의만큼은
미동도 없었다. 밖에서는 눈발이 거세게 몰아쳤지만, 허름한
집 안에는 무장투쟁의 불씨가 다시 피어올랐다. 훗날 '암살
단'이라 불릴 불꽃이었다.

그해 8월, 이 원대한 계획을 실행하기 위해 김창숙은 권총
을 숨긴 채 비밀리에 국내로 잠입했다. 유림이 모이는 서당이
나 문집간행모임은 완벽한 은신처였다. 경상도의 깊은 산골
을 오가며 오랜 벗들을 만났다.

한여름 밤, 매미 소리조차 잦아든 칠흑 같은 어둠 속에서
성주의 한 고택에 희미한 등불이 켜졌다. 집주인의 이름은 중
요하지 않았다. 묵향과 땀 냄새가 뒤섞인 이곳이 그들의 은신
처라는 사실만이 중요했다. 밖은 찌는 듯한 더위였지만, 방
안의 공기는 다소 서늘하고 무거웠다. 한지 창호 너머로 비치

는 불빛은 면우 곽종석의 문집 『면우집(俛宇集)』 간행모임임을 알려주고 있었다.

밖에서 보면 차를 마시고 글을 논하는 평화로운 모임 같았다. 그러나 고요 속에 매서운 긴장감이 흘렀다. 모두 흰 도포 자락을 여미고 앉아 있었지만, 눈빛에는 타오르는 광채가 담겨 있었다. 이곳에 모인 선비들은 더 이상 책상에 앉아 글만 읽는 이들이 아니었다. 모두의 시선은 김창숙에게 쏠려 있었다. 목소리는 나지막했지만 그 속에는 폭풍이 일고 있었다. 유림으로서 나라를 지키지 못한 자괴감을 토해내며, 이제는 붓 대신 칼을 들어야 할 때라고 역설했다.

"우리 유림이 파리강화회의에 서신을 보냈으나, 세계 열강은 우리의 목소리에 귀 기울이지 않았소. 우리가 피 흘려 쟁취하지 않는 한, 누구도 우리에게 자유를 선물하지 않을 것이오!"

말이 끝나자 무거운 침묵이 흘렀다. 그들은 단순히 문집 간행을 논하는 것이 아니었다. 일제에 빼앗긴 조국의 독립을 위해 군자금을 모으고, 만주에 독립군 기지를 건설하겠다는 거대한 계획을 세우고 있었다. 찻잔을 든 손은 떨렸지만, 꼿꼿한 자세와 굳은 표정에는 마지막 선비의 비장한 의지가 서려 있었다. 이들은 학문적 스승인 한주 이진상과 곽종석의 정신을 이어받아, 학문탐구를 넘어선 실천적 항일투쟁의 길을 걷고자 했다.

김창숙은 이어 무겁게 입을 열었다.

"모두 힘을 합쳐주시오. 우리가 모으는 이 돈은 훗날 독립군의 총알과 폭탄이 될 것이오."

그해 9월, 연이어 이정기가 국내로 들어왔다. 그에게 비친 대구는 다소 낯설었다. 한여름의 열기가 채 가시지 않은 도시는 여전히 일본 경찰의 군홧발 소리에 눌려 있었지만, 마음은 베이징의 겨울보다 더 차가웠다. 이정기는 암살단 조직을 위해 은밀히 사람들을 규합했다. 그중에는 이미 광복단 활동과 약장수로 잠행하며 투사로 단련된 장진홍이 있었다.

장진홍 곁에는 언제나 이내성이 그림자처럼 함께했다. 이내성은 만세운동으로 옥고를 치르고 1920년 10월경 출옥했다. 그 이후 장진홍과 함께 무장투쟁을 위한 정보를 교환하고 동지를 모으는 활동을 이어갔다. 동시에 고향 칠곡에서 후학들에게 민족의식을 고취하는 일도 멈추지 않았다. 두 사람은 스승 장지필에게서 배운 한주학파의 실천유학정신을 이어가는 것이, 빼앗긴 나라를 되찾는 가장 중요한 임무라 여겼다.

장진홍은 말이 적었다. 그러나 눈빛에는 오랜 세월 품어온 결심이 빛났다.

"이 단체, 나의 숙원을 이루게 해줄 것이오."

이렇게 구성된 암살단은 비밀리에 움직였다. 무기와 폭탄을 확보하고, 일제의 주요 기관과 인물을 표적으로 삼았다.

그들의 움직임은 그림자처럼 은밀했다. 이름 없는 암살단은 세상의 빛이 닿지 않는 곳에서 숨 쉬었다. 그 목적은 표적을 향하는 일직선처럼 정확했다.

그들의 활동에는 어떤 기록도 남지 않았다. 발자취는 흔적 없는 바람처럼 사라졌다. 철저히 계산된 침묵이었다. 공식적인 역사에 한 줄도 새겨지지 않았지만, 존재 자체가 다른 투쟁을 싹틔우는 종자가 되었다.

이 그림자 속 움직임은 김창숙의 국내 자금모금활동, 즉 제2차 유림단 의거와 정교하게 맞물린 톱니바퀴처럼 함께 돌아갔다. 한쪽에서는 선비들이 목숨을 걸고 자금을 모았다. 다른 한쪽에서는 이름 없는 전사들이 무력으로 일제의 숨통을 조였다. 붓으로 쓰는 저항과 총으로 쏘는 저항이 보이지 않는 곳에서 하나가 된 것이다.

한주학파라는 뿌리 깊은 학맥으로 연결된 이들의 움직임은 의열단과 암살단이라는 이름으로 각자의 길을 걸으면서도 하나의 거대한 흐름을 만들었다. 그리고 마침내, 그 모든 투쟁의 열망은 장진홍의 손에 들린 폭탄이 되었다. 그 폭탄은 붓과 총, 그리고 뜨거운 가슴을 지닌 모든 투사들의 응축된 분노였다.

위태로운 잠행을 이어가던 김창숙은 청도의 윤병권에게 200원을, 영주의 송영호로부터 600원을 기부받는 등 소기의 성과를 거두었다. 그의 활동은 의열단과도 긴밀히 연결되어 있었다. 그가 모은 일부 자금은 1926년 12월 28일, 나석주 의사의 동양척식주식회사 폭파 의거를 지원하는 데 사용되었다. 나석주는 식민지 경제수탈의 상징인 동양척식주식회사와 조선식산은행에 폭탄을 투척하고, 일본인 직원들을 사살하며 치열한 교전 끝에 순국했다. 이에 앞서 김창숙은 텐진으로 가서 의열단원 나석주를 만나 김구의 편지와 무기, 자금을 전해주었다. 그리고 나석주가 국내에 잠입해 일제 통치기관을 습격하도록 했다. 이는 유림의 붓이 의열단의 폭탄과 만나는 순간이었다.

이들의 활동은 이정기가 대구에서 조직한 암살단과 궤를 같이했다. 암살단은 김창숙의 자금모금활동이 원활히 이루어질 수 있도록 물밑에서 친일파를 감시하고, 유사시 무력투쟁을 준비했다. 장진홍과 이내성은 암살단의 주요임무를 맡고 있었다. 이들은 이정기를 통해 김창숙과 긴밀히 소식을 주고받았다. 유림의 군자금은 의열단의 폭탄으로, 그리고 암살단의 행동으로 이어지는 연결고리였다.

은밀한 움직임은 오래가지 못했다. 그해 3월 중순, 한밤중에 한 젊은 전령이 헐레벌떡 김창숙의 은신처로 뛰어들었다.

"선생님, 큰일 났습니다! 일제가 유림을 추적하기 시작했습니다!"

일제의 촘촘한 정보망에 활동이 발각된 것이다. 김창숙이 군자금을 모금한다는 첩보에 따라 일제 경찰은 미친 듯이 경상도 전역을 휩쓸었다. 김창숙은 동지들에게 더 이상 피해를 줄 수 없다는 생각에 서둘러 상하이로 피신했다.

1926년 4월 말, 일제 경찰이 군자금 모금활동의 실체를 눈치채고 경상도 전역을 샅샅이 뒤졌다. 유림 동지들이 차례로 체포되어 600여 명이 대구형무소로 끌려갔다.

상하이로 돌아간 김창숙은 이동녕·김구 등과 함께 독립운동단체 통합을 추진했다. 그해 12월 27일, 임시의정원이 개편되어 이동녕이 의장으로, 김창숙이 부의장으로 선임되었다. 그러던 이듬해 2월, 국내에 밀파했던 장남 환기가 경찰에 체포되어 모진 고문 끝에 사망했다는 비보가 전해졌다. 장남의 나이는 겨우 스무 살이었다.

김창숙은 그 소식에 큰 충격을 받았다. 건강이 급속히 나빠져 상하이 공동조계에 있던 영국인 소유의 공제(公濟)병원에 입원했다. 하지만 그의 주변에는 이미 검은 그림자가 드리워져 있었다. 일제는 끝까지 행적을 추적했고, 밀정의 제보로 은신처를 알아냈다.

1927년 6월 10일, 병실 문이 거칠게 열렸다.

"김창숙! 넌 체포됐다!"

번뜩이는 칼날을 든 일본 형사들이 들이닥쳤다. 김창숙은 눈 하나 깜짝하지 않았다. 꺾이지 않는 강철 같은 의지가 태도에 그대로 드러났다. 이후 일본 나가사키와 시모노세키를 거쳐 국내로 압송되었다. 대구경찰서로 이송되어 혹독한 수사와 고문을 받았다.

재판정에서도 그는 "나는 대한사람이므로 일본 법률을 인정하지 않는다."며 재판 자체를 거부했다. 경찰서와 대구형무소에서 지옥 같은 고문이 이어졌다. 그중에는 일제의 앞잡이로 악명이 높던 경찰 최석현이 있었다. 무릎 위에 무거운 물체를 올려 누르는 압슬(壓膝) 등 차마 눈 뜨고 볼 수 없는 고문이 자행되었다. 그는 살이 타들어 가고 정강이뼈가 으스러지는 고통 속에서도 끝까지 침묵을 지켰다. 입술은 굳게 다물려 있었고, 동지들의 이름은 단 한마디도 새어 나오지 않았다. 두 다리가 마비되었지만, 그는 '벽옹(躄翁)' 즉, '앉은뱅이(躄) 늙은이(翁)'라는 별호가 붙여졌다. 이 별호는 심산 김창숙 선생의 독립운동사(史)를 나타내는 상징으로 인식되었다.

1927년 12월, 나석주 의거 주모자로 지목된 김창숙은 14년형을 선고받고 대전형무소로 이감되었다. 그의 고난은 한 개인의 희생을 넘어, 일제에 맞선 민족의 굳센 의지의 상징이었다.

한주학맥의 숨결

　장진홍은 거사가 다가오고 있음을 예감하고 있었다. 곁에
는 언제나 한주학파의 문인들이 함께했다. 그가 물려받은 한
주학파의 정신은 하루아침에 형성되지 않았다. 그 연원은 저
멀리 퇴계 이황의 가르침에서 비롯되었다.

　"마음을 바로 하면 세상이 곧다."

　퇴계 이황이 남긴 학문의 숨결은 곧고 투명했다. 그는 '이
(理)와 기(氣)'의 질서를 탐구하며, 모든 사물의 근본이 '이'
에 있다고 보았다. '이'는 세상이 돌아가는 원리와 법칙, 즉
모든 사물이 갖추어야 할 이상적 기준과 도덕적 원리다. '기'
는 세상 만물을 만들어내는 재료이자 그것을 움직이는 에너
지다.

　이 둘은 서로 떨어질 수 없으나, 역할은 다르다. '이'가 설

계도라면, '기'는 그 설계도를 구현하는 물질이다. 퇴계는 이 가운데 '이'에 더 비중을 두었다. 그리고 '이'를 구현하기 위해 '경(敬)', 즉 마음을 집중하고 흐트러지지 않게 하는 태도를 삶의 핵심으로 삼았다. '경'이란 마음이 딴 데로 새거나 흩어지지 않도록 늘 깨어있는 상태를 말한다. 세월이 흐르며 이 가르침은 영남학파를 거쳐, 19세기 말에 한 인물에게서 절정을 이루었다. 그의 이름은 한주 이진상. 평생을 경북 성주군 월항면 대산리 한개마을 자택과 수륜면 신정리의 회연서원(檜淵書院)에서 후학을 양성했다. 퇴계의 사상을 집대성한 그는 '경'을 단순한 내면 수양에 머물지 않도록 했다.

  "'경'이 마음을 가다듬는 일이라면, '성(誠)'은 그 마음을 세상에 드러내는 일이다."

  '성'은 '말한 바를 이룬다'는 의미다. 꾸밈과 가식이 없는 참된 상태에서 자신의 가치와 신념에 따라 행동하는 삶의 태도를 말한다. 그는 늘 제자들에게 말했다.

  "마음속 정의가 행동으로 이어지지 않으면, 그것은 살아있는 학문이 아니다."

  그의 가르침은 책장 속에 머물지 않았다. 서양의 함포가 조선을 향해 입을 벌리고, 일본 군함이 부산 앞바다를 기웃거

릴 때, 한주학파 제자들은 이미 결심하고 있었다.

"나라가 무너질 때, 선비는 붓을 놓고 칼을 들어야 한다."

한주학파의 심장은 '심즉리설(心卽理說)'로 뛰고 있었다. 우주의 모든 진리와 법칙은 이미 내 마음속에 갖추어져 있다는 이 사상은, 전통 성리학에선 이단이라 여겨졌지만, 퇴계의 근본정신을 벗어나지 않았다. 중요한 것은 '이치'보다 '마음'에서 우러나는 실천이었다.

'마음이 곧 이치'라는 사상은 '위정척사(衛正斥邪)'의 기치로 이어졌다. '올바름을 지키고, 사악함을 물리친다'는 위정척사 정신은 단지 논변이 아닌, 실천의 명령이었다.

그들에게 항일 투쟁은 선택이 아니라, 스승이 가르친 '의리(義理)'의 연장이었다. 나라를 잃은 시대, 외세를 물리치는 것이야말로 가장 큰 '의(義)'였고, 그것이 곧 '이(理)'를 바로 세우는 길이었다.

경북의 산과 들은 그들의 발자취로 뒤덮였다. 그들은 글로 민족의 정통성을 지키고, 총으로 자주를 세웠다. 붓끝의 먹물은 강물이 되었고, 그 강물은 피로 물들어 바다로 흘러갔다.

그리고 먼 훗날, 장진홍이라는 또 다른 투사가 등장했다. 그의 곁에는 이상하리만큼 한주학파의 후예들이 많았다. 그것은 우연이 아니었다. 그 뿌리는 한주 이진상의 서당 마루로, 더 거슬러 올라가면 퇴계 이황의 경당(敬堂)으로 닿아 있었다.

그 불꽃은 책 속에서 시작되어 가슴속에 옮겨붙었고, 마침내 조국의 하늘을 밝히는 횃불이 되었다. 그것이 한주학파가 남긴 유산이었다.

조용하기 그지없는 회연서원. 마루에 앉아있던 한주 이진상은 붓을 잠시 내려놓고 제자들을 바라보았다. 눈빛은 맑고도 단호했다.

" '경' 은 마음을 다잡는 뿌리다. 그러나 '성' 은 그 뿌리가 꽃을 피우게 하는 힘이다. 그대들이 꽃을 피워 세상을 밝히거라."

그 말씀을 가슴에 새긴 제자들이 곽종석, 이승희, 그리고 이두훈이었다. 곽종석은 날카로운 붓끝으로, 이승희는 국경 밖 무대에서, 이두훈은 문하를 지키며 후학을 키우는 길에서 스승의 뜻을 실천했다.

곽종석은 1905년 을사늑약의 치욕이 전해지자 곧바로 상소를 올렸다. 오적을 처단해야 한다는 그의 외침은 타오르는 불길처럼 퍼졌다. 1919년, 다시 붓을 들어 파리장서운동을 주도했다.

세월이 흘러, 곽종석과 이승희의 문하에서 김창숙이 자라났다. 김창숙은 파리장서에 서명하고, 감옥에서도 시를 읊었다. 그의 시 속에는 스승 곽종석의 필묵(筆墨)과 이승희의 결기가 동시에 흐르고 있었다.

"배움은 글 속에만 있지 않다. 나라가 쓰러질 때, 붓은 칼이 된다."

이두훈의 외손자이자 제자였던 이정기는 그 가르침을 품고 장진홍과 어깨를 나란히 했다. 이두훈의 또 다른 제자, 장지필은 장진홍과 이내성을 길러냈다. 그들에게 "선비의 도리는 끝까지 정의를 지키는 것"이라고 가르쳤다. 그 말은 단순한 교훈이 아니었다. 행동을 요구하는 명령이었다.

이승희는 한주 이진상의 아들이었다. 을사오적 처단을 주장하다 1905년 12월부터 이듬해 4월까지 대구 감옥에서 모진 고문을 당했다. 끝내 분을 삭이지 못하고, 61세였던 1908년 4월 "왜놈들의 노예로 살 수 없다."며 블라디보스토크로 망명했다. 그곳에서 한민학교를 열었다. 민족교육과 독립운동을 병행하다가 1916년 2월 27일, 서간도에서 별세했다. 망명 8년 만이었다.

'그 아버지에 그 아들'이라는 말은 결코 허투루 쓰인 게 아니었다. 한주학파 후학들 가운데 유독 많은 독립투사가 배출된 데에는 그만한 이유가 있었다.

어느 날, 장진홍과 이내성은 스승 장지필의 눈빛을 떠올리며 은밀히 만났다. 그들의 마음 곁에는 늘 김창숙이 있었고, 만주와 국내에서는 이정기가 함께 움직였다. 비록 각기 다른 전선에서 싸웠지만, 그들의 심장은 같은 박자로 뛰고 있었다.

그들의 심장과 손끝에는 세대를 거쳐 이어온 하나의 불씨가 있었다. 그 불씨는 한주 이진상에서 곽종석·이승희·이두훈으로, 여기에서 김창숙·남형우, 장지필로, 다시 배천택·김정묵·이내성·장진홍·이정기 등으로 이어졌다.

안동의 서당 마루에서 시작된 작은 불꽃은 세대를 거쳐 태풍 속에서도 꺼지지 않았다. 그 불꽃은 글씨가 되었고, 총성이 되었으며, 폭탄이 되었다. 그리고 마침내, 조국의 새벽을 밝히는 횃불이 되었다.

거사를 앞두고

대구의 가을밤. 창문 틈새로 스며든 달빛이 장진홍의 얼굴을 희미하게 비췄다. 손바닥에는 거친 땀이 맺혔고, 심장은 한 박자 빠르게 뛰고 있었다. 다음 날이면 되돌릴 수 없는 길로 들어선다. 하지만 두려움보다 더 깊이 가슴을 사로잡은 건, 오래전 인명학교의 한 장면이었다.

그는 그때 어린 학생이었다. 교사 장지필은 칠판 대신 넓은 마루 위에 서서, 낮고 울림 있는 목소리로 말했다.

"너희들의 조국은 '대한'이다. 너희는 그 백성이다. 이 땅을 되찾기 위해선, 너희가 강해져야 한다."

그 목소리는 차가운 겨울 강물처럼 가슴 깊이 스며들었다. 장지필은 경전의 문구만 읊지 않았다. 대의명분을 말했다. 선비의 실천을 강조했다. 불의한 세상 앞에서는 붓보다 칼이 먼저일 수 있음을 숨기지 않았다.

어느 날 수업이 끝난 뒤, 그는 제자들을 모아 직접 지은 노래를 불렀다. 거친 목소리였지만 그 울림은 벼락처럼 가슴을 내리쳤다.

"일어나라, 대한 남아들아. 굳게 맹세하여 뜻을 세우자. 나라를 위해 목숨 바쳐 싸워, 독립의 깃발을 높이 높이 세우자."

그 노랫소리가 울리던 날, 장진홍은 자신이 걸어갈 길을 어렴풋이 느꼈다. 그 길은 고향의 들판이 아니었다. 칼날과 불길 사이를 지나야 하는 길이었다.

큰일을 앞둔 밤, 그는 작은 방 한구석에 앉아 있었다. 책상 위에는 폭탄 부품이 놓여 있었고, 창밖에서는 일본 순사의 발소리가 멀리서 희미하게 들려왔다. 그는 손을 들어 심장을 눌렀다. 거기에는 여전히 장지필의 목소리, 그리고 그 노랫소리가 살아있었다.

"목숨을 걸고 하지 않으면 아무것도 지킬 수 없다."

그 말이 심장을 두드릴 때, 선택은 이미 끝나있었다. 내일의 폭음은 스승에게서 물려받은 항의정신, 그리고 수많은 이름 없는 선비들의 의기를 세상에 알리는 울림이 될 터였다.

가슴속 불씨는 꺼지지 않았다. 그 불씨는 인명학교에서 장지필이 심어준 바로 그 항의정신이었다. 그리고 내일, 그 불씨는 불길이 되어 하늘을 가를 것이다.

작은 방 안에서 장진홍은 낡은 목침을 베고 누운 채 또 한 사람의 얼굴을 떠올리고 있었다. 이내성. 같은 스승 밑에서 자란 선배이자, 언제나 곁에서 장지필의 가르침을 되새겨 주던 인물이었다.

장진홍에게 그는 든든한 산 같았다. 말수가 적어 속내를 쉽게 드러내지 않았지만, 그 침묵 속에서 뿜어져 나오는 기운은 주변을 묵직하게 감쌌다. 키는 크지 않았지만, 단단한 바위처럼 굳건해 보였다. 항상 단정하게 빗어 넘긴 머리, 흐트러짐 없는 옷매무새는 내면에 흐르는 선비정신을 고스란히 드러내주었다.

표정은 무덤덤해 감정이 쉽게 드러나지 않았다. 깊은 생각에 잠길 때면 미간에 희미한 주름이 잡히곤 했다. 특히 조용히 무언가를 꿰뚫어 보는 듯한 그 눈빛은, 섣불리 말을 걸 수 없는 무게를 지니고 있었다. 그러나 한마디 말이 입 밖으로 나오면, 그 안에는 항상 무게와 결의가 담겨있었다.

그는 종종 인명학교 뒷마당에서 묵묵히 장진홍을 바라보곤 했다. 그 눈빛 속에는 '우리가 해야 할 일을 알지 않느냐'는 물음이 담겨 있는 듯했다. 장진홍은 그 시선을 외면할 수 없었다. 그 눈빛은 스승의 눈빛과 닮아 있었다. 함께 걸었던 어두운 골목길, 함께 숨죽이며 일본 순사들의 발소리를 피하던 순간들, 그리고 함께 부르던 '독립군가'의 가락, 그 모든 기억이 장진홍의 심장을 조여왔다.

이내성은 형이나 다름없는 존재였다. 그러나 단순히 의지할 대상만은 아니었다. 언제나 한발 앞서 있었다. 그 뒷모습은 마치 '나를 따라오라'는 무언의 명령처럼 느껴졌다.

그날 밤, 장진홍은 문득 생각했다.

'내가 내일 돌아오지 못하면…… 이내성 형이 내 이름을 지켜주겠지. 내가 돌아온다면…… 형이 웃어줄 것이다.'

그 생각만으로도 심장은 조금 더 강하게 뛰었다. 스승 장지필이 심어준 불씨를 이내성이 매일같이 불어넣어 주었다. 이제 그 불씨를 활활 태우는 것은 자신의 몫이었다.

장진홍은 주먹을 움켜쥐었다. 밖에서는 빗방울이 처마를 두드리고 있었지만, 귀에는 여전히 이내성의 낮고 단단한 목소리가 들리는 듯했다.

"진홍아, 우리가 지키는 건 단지 땅이 아니라 사람들의 마음이야. 그리고 그 마음은, 죽어도 꺼지지 않는 불이야."

바로 이 순간, 여기까지 오는 데는 적지 않은 시간이 흘렀다. 암살단 활동이 이어지고, 김창숙 선생이 군자금 마련에 노심초사하던 어느 날, 경성에 머물던 장진홍 앞에 이내성이 불쑥 나타났다.

경성의 겨울 골목은 칼바람이 매서웠다. 발자국 소리는 얼어붙은 벽 사이로 메아리쳤다. 이내성은 좁은 골목 끝에서 걸음을 멈췄다. 먹구름이 드리운 하늘 아래, 조선은행 본점 건물이 모습을 드러냈다. 차가운 돌벽과 높이 치솟은 기둥, 그 위에 일제의 깃발이 바람을 가르며 펄럭이고 있었다.

두 열혈청년은 차가운 거리를 걸으며 서로의 생각을 나눴다. 이내성의 눈빛은 이글거렸다. 그는 몸을 앞으로 기울여 격앙된 목소리로 말했다.

"우리 민족이 나아가야 할 길은 아직 한참 멀었네. 일제가 씌운 식민 지배뿐만 아니라, 조선시대부터 내려온 낡은 신분제가 여전히 우리를 옥죄고 있지 않은가? 양반이니 평민이니 하는 계급이 아직도 버젓이 존재하는데, 어찌 진정한 독립을 이룰 수 있겠나?"

숨을 고른 그는 이어 말했다.

"나는 무정부주의와 공산주의에서 해답을 찾았네. 모든 권위와 계급을 타파하고, 모든 인간이 평등하게 연대하는 세상을 만들어야 해. 그래야 나라를 진정으로 되찾을 수 있어.

그것이 우리의 미래가 되어야 하네."

장진홍은 그의 뜨거운 열정을 이해했다. 자신 또한 낡은 사회구조에 비판적 시각을 지니고 있었다. 하지만 생각은 조금 달랐다. 장진홍은 조용히 입을 열었다.

"형님, 그 마음은 충분히 이해합니다. 하지만 지금 우리가 논해야 할 건 이념의 옳고 그름이 아닙니다. 모두가 힘을 합쳐 일제의 심장을 부수는 일입니다."

이내성의 눈을 정면으로 바라보며 이어 말했다.

"나라를 잃은 백성에게 이념은 사치일 수 있습니다. 무정부주의든 공산주의든, 아니면 유교든 기독교든, 모두가 한마음으로 뭉쳐 적을 무너뜨려야 합니다. 그래야만 이념을 이야기할 땅이 생깁니다. 우리는 먼저, 독립이라는 큰 목표를 향해 달려가야 합니다."

두 사람의 대화는 자연스레 김창숙 이야기로 이어졌다.

이내성은 양반가 출신임에도 신분제 철폐를 주장하며 사회주의 계열 독립운동가들과도 교류를 이어온 김창숙에게 깊은 감명을 받았다. 김창숙의 행동은 단순한 학자의 이론을 넘어섰다. 그는 유교의 가르침을 수구의 도구가 아니라, 민족의 위기를 극복하는 변화의 동력으로 여겼다.

조선 왕조의 몰락은 신분제와 구습, 유연하지 못한 사고에서 비롯되었다고 보고 이제 유림이 앞장서 낡은 틀을 깨야 한다고 믿었다. 그 믿음은 파리장서운동은 물론, 다양한 사상을 가진 독립운동가들과의 연대로 이어졌다. 전통적 유학에 뿌리를 두고 있으면서도 무정부주의자, 공산주의자와 서슴없이 교류하며 이념을 초월한 연대를 실천했던 지도자, 그가 바로 김창숙이었다.

장진홍과 이내성에겐 김창숙이 선비를 넘어 시대의 변화를 읽고 실천하는 진정한 지도자였다.

"이제 우리가 행동으로 나서야 할 때가 온 것 같다."

이내성의 목소리는 묵직했고, 눈빛은 강철처럼 날카로웠다. 그의 말은 장진홍의 가슴속, 오래전부터 들끓던 불길에 기름을 부었다. 하바롭스크에서 내려와 의열단의 그림자 속에서 거듭 다짐한 결심, 어떻게 저놈들의 심장을 쪼개버릴 것인가. 그 다짐이 눈앞에서 현실로 번쩍거렸다.

"이대로는 안 됩니다."

장진홍의 목소리는 칼날처럼 매서웠다.

"저놈들은 총칼로 우리 땅을 빼앗고, 우리의 숨통을 조이고 있습니다. 무력으로 맞서야만 일제의 사악한 기운을 꺾을 수 있습니다. 대구로 내려가 저 조선은행 대구지점부터 쓸어

버립시다. 경성보다는 경비가 느슨할 겁니다."

그의 말 속에는 결연함이 서려 있었다.

"나 역시 같은 생각일세. 스승님께서 가르치신 항의정신이 바로 이런 때를 위한 것일세. 하지만 무작정 달려들 순 없네. 조선은행을 겨냥하는 건…… 쉬운 일이 아니지."

이내성은 담담하게 응답했다. 그러나 장진홍의 가슴속 불길은 쉽게 진정되지 않았다.

"두려울 게 없습니다. 이 몸이 부서지더라도, 이 한 번의 폭발로 조선인들의 마음을 깨우고, 저놈들에게 우리의 분노를 똑똑히 보여줄 수 있다면, 기꺼이 목숨을 바치겠습니다."

그 말이 끝나자 잠시 고요가 흘렀다. 하지만 그 고요는 절망의 침묵이 아니었다. 폭풍이 일기 전, 숨을 고르는 순간 같았다.

1926년 1월. 의열단과 암살단 활동이 가장 치열하고, 김창숙 선생의 군자금 모금이 들불처럼 번지던 시기에 두 사람은 조용히, 그러나 단단히 준비를 시작했다. 그들의 심장은 이미 뇌관에 불이 붙은 폭탄과 다름없었다.

동짓달의 찬바람이 가시고 봄기운이 스며들 무렵, 장진홍과 이내성은 믿을 수 있는 동지를 찾는 일부터 시작했다. 암살단 활동 중 마주친 이들 가운데, 눈빛이 흔들리지 않는 자들을 골라냈다.

사람을 고를 때 그들은 말솜씨나 체격이 아니라, 끝까지 버틸 수 있는 심장, 죽음 앞에서도 굽히지 않을 의지를 보았다. 그렇게 박문선, 박관영, 황진박, 세 이름이 거사 명단 위에 올랐다.

박문선은 청도의 아들이자 을사늑약 이후, 1906년부터 청도와 영천, 창녕 일대를 누비며 총칼을 든 의병이었다. 그의 주름진 이마에는 세월이 새긴 고집과 싸움의 흔적이 고스란히 남아있었다.

구미 산동 출신의 박관영은 장진홍과 직접 어깨를 나란히 했던 동지였다. 함께 흘린 피는 말보다 강한 맹세였다.

황진박은 장진홍의 거사에 몸을 던진 사람이자, 삶 전체를 독립에 바친 투사였다. 그는 1919년 서울에서 3·1 만세를 외친 뒤 경북 선산으로 내려와, 장진홍·이내성과 함께 독립의 길을 모색하며 동지들을 끌어모았었다.

그들은 같은 고향의 피와 땀을 공유하는 선후배였고, 마치 한 지붕 아래서 자란 형제처럼 얽혀있었다. 그 끈끈한 유대는 우정보다 깊은, 죽음을 함께 나눌 수 있는 굳은 맹약이었다.

폭탄으로 맺은 굳은 맹세

1927년 4월, 경산 장터가 흙먼지와 사람들로 들끓던 어느 날, 이내성이 한 사내를 장진홍에게 데려왔다. 일본인이었지만 제국주의 편에 서지 않은 무정부주의자 호리키리 시게사부로였다.

그들의 눈빛은 장터의 소란을 가로질러 곧장 서로를 꿰뚫었다. 잠시 후, 세 사람은 시장 뒤편의 조용한 골목을 지나, 호리키리가 묵는 허름한 여인숙 방으로 들어섰다.

방 안은 담배 연기와 오래된 책 냄새로 눅눅했다. 호리키리는 그해 초 한국 땅을 밟았다. 그는 이곳에 온 목적을 숨김없이 꺼내 놓았다. 어눌한 한국말과 손짓으로 폭탄 제조법을 하나하나 설명했다.

"다이너마이트는 도로 공사장이나 광산 노동자들을 매수

해서 구하라."

목소리는 무심했지만, 눈빛에는 냉철한 계산이 번뜩였다.

"폭탄을 던진 후 붙잡힌다면, 동지의 이름은 절대 입 밖에 내지 마라."

그 경고는 피로 새긴 유언처럼 들렸다.

그가 이 땅에 발을 디딘 이유는 분명했다. 무정부주의자의 신념을 총과 폭탄으로 실현하고, 아나키즘의 불씨를 이 조선 땅에도 옮겨 심기 위해서였다.

호리키리는 일본 무정부주의 운동 선구자 오스기 사카에에게 깊은 영향을 받았다. 제국주의 폭력 앞에 침묵하지 않는 일본 무정부주의자들은, 스스로의 방식으로 제국의 심장에 균열을 내고자 했다. 그리고 지금, 그 균열의 한 조각이 여인숙 방 안에서 조용히, 그러나 치명적으로 깨어나고 있었다.

1923년, 관동대지진의 잿빛 폐허 속에서 피비린내와 매캐한 연기 사이로 울부짖음이 가라앉지 않던 그해, 오스기 사카에는 국가 권력의 칼날 앞에 섰다. 총검 앞에서도 물러서지 않았다. 국가와 자본, 모든 형태의 권력을 부정하는 순수 무정부주의자로서, 그는 약자를 짓밟는 힘이라면 그것이 제 나라의 깃발일지라도 단호히 거부했다.

마르크스주의조차 또 다른 권력의 얼굴이라 비판하며, 개인의 자유와 자율성을 극대화하는 길만을 좇았다.

그는 조선 침략을 "가장 노골적인 국가 폭력"이라 불렀다. 한국의 독립은 일본의 해방이기도 하며, 제국주의의 멍에를 함께 벗겨내는 투쟁이라 확신했다.

그래서 여운형 등 조선 독립운동가들과 손을 맞잡기 위해 노력하던 중 일본 제국 군부정권의 칼날에 암살당했다. 그 죽음은 비극이었지만, 그의 사상은 후대 무정부주의자들에게 이어졌다. 호리키리 시게사부로 역시 그 불씨로 가슴이 뜨거워진 인물이었다. 장진홍의 거사는 단순히 한 민족의 분노를 폭발시키는 사건이 아니었다. 그에게는 제국주의라는 괴물의 목덜미를 겨눈 국제적 연대의 칼날이었다.

호리키리는 조선의 독립을 이웃 나라의 문제로 보지 않았다. 이를 일본 양심인들의 싸움이기도 한 '공동의 전쟁'으로 받아들였다. 군부의 야만과 조선 민중의 고통은 호리키리에게 더 이상 남의 일이 아니었다. 장진홍과 이내성의 눈에서 번득이는 결의와 말끝에 묻어나는 절박함은 어떤 정치 이론보다 강렬했다. 그 순간, 호리키리는 깊은 연대를 느꼈다.

그동안 말없이 두 사람의 결심을 들어주던 호리키리가 마침내 입을 열었다.

"당신들의 고통을 이해합니다. 일본 제국주의의 폭력은 당신들뿐만 아니라, 일본의 양심적인 사람들의 삶마저 짓누르고 있습니다. 제국주의는 끝없는 전쟁과 착취를 낳을 뿐, 진정한 평화를 가져올 수 없습니다. 나는 당신들이 이루고자 하는 독립이, 결국 우리 일본인들 역시 제국주의의 억압에서 벗어나는 길이라 믿습니다. 폭탄 제조법을 배운 사람으로서, 당신들의 투쟁에 도움이 되고 싶습니다."

그 말은 장진홍 가슴에 내리꽂혔다. 국권을 유린한 나라의 사람에게서 이런 목소리가 나올 줄은 꿈에도 상상하지 못했다. 장진홍은 잠시 의심했으나, 호리키리가 들려주는 일본 내 무정부주의자들의 활동과 투쟁담 속에서 진실을 보았다. 그 순간, 경계심이 눈 녹듯 사라졌다.

이 밤, 세 사람의 대화는 폭탄 제조 계획을 넘어섰다. 신념의 확인이자 시대의 상처를 나누는 의식이었다. 장진홍의 결연한 불꽃, 이내성의 깊고 신중한 물줄기, 호리키리의 단단한 연대가 하나로 모여 조선은행을 향한 거사의 밑그림이 점점 선명해지고 있었다.

이들은 낮에는 사람들 틈에 섞여 일본 경찰의 눈치를 살피고, 밤에는 거사의 목표물을 하나하나 짚어나갔다. 골목의 그림자 속, 도청 앞의 가로등 밑, 은행의 두꺼운 대리석 벽 앞에서 그들의 시선은 한 번도 흔들리지 않았다.

그해 6월, 장마 전 무더위가 내려앉은 어느 날, 장진홍은 영천의 박문선을 찾아갔다. 박문선은 조용히 한 일본인 남자를 소개했다. 고바야시 간이치, 일제 앞잡이도, 경찰 첩자도 아닌, 거래하는 사내였다.

짧은 인사 뒤 장진홍은 단도직입적으로 요구했다. 그리고 곧 손에 들어온 것은 무겁고 차가운 죽음의 씨앗들이었다. 다이너마이트 30개, 뇌관 30개, 그리고 도화선. 대가는 15원. 손바닥 위의 묵직함이 곧 누군가의 심장에 꽂힐 파편이 될 것이었다.

박문선은 직접 폭탄을 만들거나 나르지는 않았지만, 그날의 거래로 거사의 절반은 이미 이루어진 바나 다름없었다. 그는 오래전부터 생각해 온 목표물을 다시금 꺼내놓았다. 조선은행 대구지점, 경북도청, 경북경찰부, 형무소, 지방법원, 동양척식주식회사 대구지점, 칠곡의 친일 부호 장길상의 집. 장길상은 친일 부호 장승원의 아들이었다.

이 명단은 주소 목록이라기보다 식민 통치의 심장을 하나씩 도려내겠다는 사형선고였다.

폭탄이 손에 들어오자 장진홍은 황진박, 박관영과 함께 작전을 짰다. 밤새 담배 연기가 방 안에 내려앉았다. 종이에

장진홍 의거 당시의 조선은행 (사진제공: 독립기념관)

그린 지도는 점점 얼룩져 갔다. 그러나 결국 장진홍은 결심했다.

'이 폭탄은 내가 직접 던진다. 단독으로.'

계획은 원래 자동차로 모든 목표물을 돌며 직접 폭탄을 투척하는 것이었다. 그러나 운전사를 구할 길이 막히면서 목록을 차갑게 줄였다. 남은 목표물은 네 곳. 조선은행 대구지점, 경북도청, 경북경찰부, 조선식산은행 대구지점.

이 네 곳은 모두 대구 중구 포정동, 경상감영공원 주변에 모여 있었다. 일본은 식민 통치의 효율을 위해 권력의 심장부를 한곳에 몰아넣었다. 경북도청은 옛 경상감영을 뜯어고쳐 청사로 쓰고 있었고, 경찰부는 그 청사와 담을 맞대고 있었다. 은행 두 곳 역시 돌을 던지면 닿을 거리였다. 그 촘촘한 거리는 그날만큼은 불과 쇳조각이 쏟아지는 전쟁터가 될 예정이었다.

거사 며칠 전, 대구의 한 허름한 방 안. 창문 밖으로는 비가 올 듯 무겁게 내려앉은 구름이 거리를 누르고 있었다. 방 안에는 장진홍, 이내성, 호리키리 세 사람이 마주 앉아 있었다. 방 안 공기는 숨 막히게 팽팽했다.

먼저 장진홍이 침묵을 깨뜨렸다.

"조선은행은 우리 민족의 피를 빨아먹는 본거지입니다. 그곳을 폭파해 그들의 탐욕스러운 수탈을 세상에 고발해야 합니다."

이내성은 머릿속에 정리해 둔 계획의 윤곽을 차근차근 펼쳐놓았다. 그러나 그날 가장 길게 논의된 건, 폭탄을 던질 타이밍도, 도망 경로도 아니었다. 바로 '만약의 사태'였다. 그들은 일제의 고문이 어떤 것인지 뼛속까지 알고 있었다.

"만에 하나 그럴 일은 없겠지만……."

이내성의 목소리가 낮게 깔렸다.

"계획이 탄로 나면 모든 게 물거품으로 돌아갑니다. 그 어떤 고문에도 우리는 서로의 존재를 밝히지 않아야 합니다. 끝까지 입을 다물고…… 마지막 순간이 오면……."

말이 멎었다. 그러나 그 뒤에 오는 결말은 모두의 머릿속에 똑같이 그려졌다.

세 사람의 시선이 공중에서 부딪쳤다. 한 번의 고개 끄덕임이 강철보다 굳건한 맹세가 되었다.

"나는 반드시 일본 제국주의를 멸망시킬 겁니다."

장진홍의 목소리는 천장에 부딪쳐 메아리쳤다.

"설사 잡히더라도, 그들의 손에 더러운 죽음을 맞이하지 않을 겁니다."

"우리의 의지는 끝까지 숨겨야 합니다."

이내성의 눈빛은 차가웠다.

"한 줌의 실마리도 남겨선 안 됩니다."

호리키리가 입가에 굳은 선을 그으며 마지막 말을 보탰다.

"폭력적인 국가에 저항하는 아나키스트로서, 나의 신념은 어떠한 탄압에도 굴복하지 않는 것입니다. 자유를 위한 최후의 선택은 나 스스로에 있습니다."

목소리는 담담했지만, 속에는 자신이 처할 운명을 이미 계

산한 냉정함이 깃들어 있었다. 일본 정부가 보기엔 매국노이
자 사상범이었다. 붙잡히면 조선인보다 더 잔혹한 형벌이 기
다릴 터였다.

이날 세 사람은 피로 맺은 약속처럼 몸과 목숨, 그리고 거
사의 모든 비밀을 끝까지 끌어안고 가기로 했다.

이내성은 그날 이후 직접 행동에 나서지 않았다. 3·1 만세
운동을 주도한 전력으로 이미 불령선인(不逞鮮人), 즉 불량
한 조선인이라는 낙인이 찍혀, 일경의 감시망에 걸려 있었기
때문이다. 이내성의 얼굴을 모르는 일본 경찰은 없었다. 그래
서 이내성은 그림자처럼 뒤에서 거사를 설계하며, 마지막까
지 장진홍의 길을 열어주는 막후의 주모자로 남았다.

1925년 늦여름, 장진홍의 집 허름한 마당 한편에서 가마
솥이 산산조각 났다. 날카로운 쇳조각이 사방으로 튀어오르
고, 조각을 주워 담는 손길에는 묘한 떨림이 깃들어 있었다.
두려움의 떨림이 아니라, 결연한 의지의 떨림이었다. 그렇게
모은 파편으로 조악한 시제품 폭탄 두 개를 만들었다.

10월 1일, 칠곡과 선산의 경계 봉화산 골짜기. 숲속은 바
람 한 점 없고, 마른 낙엽만 바스락거렸다. 협곡 깊은 곳에 폭
탄이 놓였다. 숨을 죽였다. 순간,

"꽝!"

천지를 뒤흔드는 굉음이 터져 나왔다. 암벽이 갈라지고 돌덩이가 우르르 굴러내렸다. 매캐한 연기 속, 산은 마치 거대한 짐승처럼 포효하고 있었다. 실험은 성공적이었다. 쇳조각과 다이너마이트가 결합한 그 위력에, 동지들의 눈빛은 번뜩였다.

보름 뒤, 다시 장진홍의 집. 밤이 깊을수록 집 안은 점점 숨 막히는 비밀의 화로가 되었다. 낡은 냄비와 괭이가 쇠망치질에 산산조각 나고, 쇳조각은 다이너마이트와 함께 빈 깡통 안으로 들어갔다. 재를 가득 채우고 도화선을 연결하자, 한 손에 들어갈 소형 자결용 폭탄 하나와 대형 폭탄 네 개가 태어났다. 그 쇳덩이에는 조국을 향한 분노와 희망이 함께 눌러앉아 있었다.

장진홍은 곧장 나무상자를 곱게 짰다. 벌꿀 선물상자처럼 꾸민 뒤, 겉면에는 황진박이 써준 발송인과 수신인의 쪽지를 붙였다. 발송인에는 '대구부 남산정 39번지 길전상회(吉田商會)'라는 가명이 쓰였다. 상자 속에서 쇳조각들이 부딪히며 내는 소리가 묘하게 차가웠다.

조선은행을 응징하다

    10월 17일 새벽 2시, 장진홍은 폭탄 네 개를 자전거에 싣고 대구로 향했다. 길 위의 바람은 싸늘했으나 심장은 뜨겁게 뛰었다. 새벽 5시쯤 대구에 도착했다. 포장용 신문지와 풀, 삼끈을 구입해서 달성동 매부 집에서 잠깐 눈을 붙였다. 불안한 잠 속에서도 머릿속에는 단 하나, 다음 실행만이 또렷했다.

    1927년 10월 18일 아침 9시, 장진홍은 경상감영 인근 덕흥여관에 들어섰다. 그는 길전상회 점원인데 일을 하다가 다쳐서 며칠간 조용히 기운을 차려야 한다며 방을 부탁했다. 2호실을 잡았다. 장진홍은 여관 종업원 박노선에게 50원짜리 은화를 주고 담배 심부름을 시켰다. 담배를 건네받고, 환심을 사기 위해 거스름돈 40원은 그에게 용돈으로 돌려줬다.

오전 11시 30분, 마침내 폭탄에 도화선을 점화한 뒤 상자 속에 넣었다. 일정한 시간이 지나면 자동으로 폭파되도록 했다. 화약 냄새가 올라오지 않도록 신문지로 단단히 포장하고 나니, 그것은 겉모습만큼은 평범한 선물상자였다.

장진홍은 곧바로 여관 종업원 박노선을 불렀다. 30대 초반 쯤으로 보이는 박노선은 마른 체격에 긴 팔과 다리가 조금은 어색하게 보이는 사내였다. 햇볕에 그을린 얼굴은 조금 피곤해 보였지만, 눈빛만큼은 부드럽고 순했다. 머리는 단정히 빗어 넘겼고, 여관 종업원답게 깨끗이 빨아 말린 두루마기와 무명 바지를 입었으며 발에는 닳아 해진 신발을 신고 있었다.

박노선은 덕홍여관에서 오래 일한 덕에 손님이 무엇을 원하는지 굳이 말하지 않아도 눈치챌 줄 알았다. 그러나 눈치가 빠르다고 해서 쓸데없이 캐묻는 일은 없었다. '손님이 하라는 대로 하는 게 제일'이라는 것이 오랜 철칙이었다.

이날도 마찬가지였다. 장진홍의 부름을 받았을 때, 박노선은 별다른 의심 없이 방 안으로 들어섰다. 그가 들어오자 장진홍은 상자를 조심스레 내밀었다.

"이 안에는 귀한 벌꿀이 들어있네. 중요한 분에게 보내는 선물이지. 내가 몸이 좋지 않아 직접 갈 수가 없으니, 자네가 대신 전해주게."

목소리는 낮고 묵직했다. 박노선이 고개를 갸웃하며 물었다.

"누구에게 말입니까요?"

장진홍은 잠시 숨을 고르고, 한층 낮아진 목소리로 답했다. 그 목소리는 낮지만 단호했다.

"조선은행, 스토 경북지사, 이시키 경찰부장, 식산은행 순으로 곧장 배달해 주게. 늦지 않게."

상자 네 개가 종업원의 손에 맡겨지는 순간, 손끝이 잠시 떨렸다. 그것은 두려움이 아니라, 조국의 심장을 깨우려는 결의였다.

그리고 장진홍은 여관을 조용히 빠져나왔다. 대구의 거리는 평온해 보였으나, 보이지 않는 시한폭탄이 이미 도심 곳곳으로 스며들고 있었다.

하늘은 맑았다. 가을 햇볕은 은행 앞 돌계단 위까지 따사롭게 비쳤다. 장터에서 흘러온 소란스러운 소리가 뒤섞이며 평온한 한낮의 공기를 채우고 있었다. 그때까지만 해도 누구도 알지 못했다. 그날, 도심 한복판에 지옥 같은 굉음이 떨어지리라는 것을.

덕흥여관의 하숙집 종업원 박노선은 가벼운 걸음으로 여관을 나섰다. 손에는 정성스레 포장된 나무상자 네 개가 들려 있었다. 그에게 그것은 단지 벌꿀 선물상자일 뿐이었다. 아무

런 의심도 하지 못한 채 곧장 조선은행 대구지점으로 향했다.

포정동, 조선은행과 붙어있는 우체국 집배원실 앞에서 박노선은 상자를 내려놓으며 말했다.

"이리 맡기면 되겠지요?"

잠깐 시간이 흘렀다. 이 광경을 보고 있던 은행원 요시무라 게츠의 눈빛이 번뜩였다. 일본군 포병 중위 출신인 그가 익숙한 화약 냄새를 맡은 순간이었다. 숨 막히는 긴장감이 가슴을 파고들었다. 곧장 상자를 열어젖혔다. 그 안에서 도화선이 타들어 가고 있었다.

"야마다! 물을 가져와라! 빨리!"

요시무라는 손끝이 타들어 가는 고통을 무릅쓰고 도화선을 잡아 끊어냈다. 아슬아슬한 순간이었다. 만약 망설였더라면 은행 내부는 이미 산산조각이 났을 것이었다.

요시무라는 경찰을 불렀다. 곧 대구경찰서 고등계 주임과 순사 열 명가량이 달려왔다.

"체포해라!"

박노선은 어리둥절한 표정으로 손목이 뒤로 꺾였다. 경찰은 나머지 상자 세 개를 은행 옆 골목길로 급히 옮겨 놓았다. 긴장으로 공기가 무겁게 가라앉았다.

그럼에도 불구하고 재깍재깍 초단위로 도화선은 타들어가고 있었다.

11시 36분.

"콰앙!"

골목길에서 터진 첫 폭발은 지축을 흔들며 대구 시내를 울렸다.

"꽝! 콰앙!"

순식간에 두 번째, 세 번째 폭발이 뒤를 이었다.

눈부신 섬광과 함께 검붉은 연기가 솟구쳤다. 유리창이 와르르 무너져 내렸다. 은행 건물의 창문 열네 개와 현관 유리문이 산산이 부서졌다. 파편이 총알처럼 벽과 천장에 꽂혔다. 비명과 고함이 뒤엉켰다.

"사람 살려!"

"여기 부상자다!"

순사 네 명이 피투성이가 되어 꼬꾸라졌다. 은행원 한 명과 지나던 행인 한 명도 피를 흘리며 땅에 쓰러졌다. 파편은 사람들의 살을 가르고 옷을 찢었다. 폭발 직후 은행 안팎은 순식간에 아수라장으로 변했다. 검은 연기와 먼지가 하늘로 피어올랐다.

사람들의 고함이 사방에서 터져 나왔다. 누군가는 두 손을 하늘로 쳐들고 망연히 무너져 내린 유리 파편을 바라보았다. 누군가는 연기 속에서 부상자를 끌어내며 울부짖었다. 은행 앞 골목은 순식간에 피와 먼지로 얼룩진 전쟁터가 되어 있었다. 잠시 뒤 일본 경찰들이 무장한 채 거리를 메우기 시작했다.

"전부 집합해라! 모두 검문하라!"

고등계 주임이 목이 터져라 고함을 쳤다. 순사들은 곤봉을 휘두르며 거리의 사람들을 몰아세웠다. 비명을 지르던 조선인 상인들이 무자비하게 끌려 나갔다.

"이건 조선인들의 짓이다! 잡아들여라!"

일본 경찰의 얼굴에는 분노와 공포가 뒤섞여 있었다. 피투성이로 쓰러진 은행원과 순사들이 들것에 실려 나갔지만, 경찰의 눈길은 부상자보다도 주변의 조선인 군중에 쏠려있었다.

"너, 거기 서라!"

"내가 뭘 했다고…… 제발…… 억울합니다!"

억울한 항변은 곤봉 소리에 묻혔다.

대구 시민들의 눈빛은 분노로 이글거렸으나 감히 입 밖으로 내뱉지 못했다. 모두가 알았다. 오늘 폭발은 단순한 사건이 아니었다. 누군가 무자비한 일제의 심장부를 향해 불을 지핀 것이다.

마치 사자가 포효하듯, 그 굉음은 식민 통치의 핵심 거점을 뒤흔들었다. 일제 통치에 억눌려 있던 조선 민중의 분노가 폭발하는 소리였다. 그 불씨는 이제 대구의 골목골목 민심 속으로 번져가고 있었다. 대구의 평온은 그렇게 세 번의 폭음 속에서 산산이 조각났다. 아무도 모르게 장전된 역사의 뇌관이 마침내 불을 뿜어낸 것이었다.

이 거사는 일제의 간담을 서늘하게 했다. 총독부의 지배가 절대 안전하지 않다는 메시지를 분명하게 전달했다. 폭발의 충격은 쉬이 가라앉지 않았다. 폭발음은 일제에게는 공포를, 억압받던 민중에게는 희망의 불씨를 심어주기에 충분했다. 그 폭탄은 식민 통치 체제에 정면 도전을 상징하는 강력한 메시지였으며 잊히지 않는 역사의 한순간으로 각인되었다.

이 모든 파란의 중심에는 장진홍이 서있었다. 그의 얼굴에는 이미 다음 수를 내다보는 냉철한 표정이 감돌았다. 직접 폭탄을 던지는 대신 덕흥여관 종업원 박노선을 이용하는 '제3의 수'를 택했다. 이는 폭풍이 몰아친 뒤의 수습단계, 즉 일제 경찰의 눈을 속이기 위한 치밀한 포석이었다. 동시에 일제의 심장에 장차 더 많은 비수를 꽂기 위한 전략이기도 했다.

박노선은 상자 속 내용물이 무엇인지 알지 못했다. 그저 여관 손님의 부탁대로 상자를 지정한 장소에 놓아두었을 뿐

장진홍 의거 보도기사 (사진제공: 독립기념관)

이었다. 장진홍은 이 모든 장면을 먼발치에서 지켜보았다. 그리고 다음 단계를 준비하고 있었다.

머릿속에는 이미 조선을 넘어 또 다른 식민 통치의 심장을 박살 내겠다는 원대한 계획이 그려져 있었다. 직접적인 행동을 피한 그의 전략은 도피 시간을 확보하는 데 절대적으로 유리했다. 설사 박노선이 잡혀도 폭탄의 정체를 몰랐던 단순한 배달원에 불과했다. 수사는 쉽게 혼란에 빠질 터였다.

이 사건은 동아와 조선일보 등에 '조선 전체로 신기록을 만든 미증유(未曾有)의 사건'이자 '예를 보지 못한 엽기적 사건'으로 기록되었다. 일제는 경악했다. 자신들의 통치가 안전하지 않다는 공포가 심장을 파고들었다.

일제는 경상북도 경찰부 고등과를 중심으로 특별 수사본부를 조직했다. 1,600여 명의 경찰을 동원해 범인 검거에 나섰다. 그러나 초기 수사는 난항을 겪었다. 폭탄을 던진 자는 종적을 감추었고, 경찰의 시선은 오직 붙잡힌 박노선에게만 쏠려 있었다.

그림자처럼 사라진 장진홍의 뒤를 쫓기 시작한 이는 바로 친일 형사 최석현 경부보(警部補)였다. 최석현은 일본인 수사 책임자 후쿠다 고등과장 휘하에서 수사반장을 맡고 있었다. 그와 함께 여러 한국계 형사들이 수사에 가담했다. 악명

높은 최석현의 지휘 아래 끈질긴 추격전이 시동을 건 순간이었다.

최석현은 김창숙 선생을 고문하여 앉은뱅이로 만들 정도로 악명이 높았다. 그는 박노선을 집중적으로 심문하며 자전거를 타고 온 손님의 인상착의를 캐물었다. 범인이 묵었던 여관방을 샅샅이 뒤져 필요하다 싶은 정보를 캐냈다. 이 단서들을 바탕으로 장진홍의 행적을 추적하고 탐문하기 시작했다. 한 사람의 치밀한 전략이 1,600명의 추격자들을 따돌리고 있었다. 끝없는 추격전의 서막이 오른 것이다.

폭풍 한가운데 서있던 장진홍의 마음은 이미 다음 단계를 향해 달리고 있었다. 의거 직후 일제 경찰의 추격을 따돌리기 위해 대구 중구 달성동에 있는 매형 김상한의 집으로 향했다. 그곳은 쫓기는 자가 잠시 숨을 고를 수 있는 유일한 안식처였다.

김상한의 집은 잠깐의 은신처에 불과했다. 그곳에서 다음 피신 계획을 세웠다. 입고 있던 옷을 바꿔 입었다. 준비해 둔 모자와 구두를 착용한 뒤 고향인 칠곡으로 향했다. 고향집에서 또다시 변장하는 주도면밀함을 보였다. 의거 당시의 인상착의를 완전히 지워버린 채 칠곡을 거쳐 선산으로 몸을 숨겼다.

일제 경찰은 행적을 뒤쫓았으나 이미 장진홍은 수사의 손아귀를 벗어나 있었다. 경찰의 수사망은 자연스럽게 고향 칠곡을 중심으로 좁혀들었다. 가족과 주변 인물들을 미행하고 탐문하며 그림자 없는 범인의 뒤를 쫓기 시작했다.

도피는 치열한 숨바꼭질이었다. 한 가지 모습으로만 변장하지 않았다. 고향 인근에 숨어 지낼 때는 영락없는 농부 차림이었다. 낡은 옷을 걸친 모습은 폭탄 테러 주범이라고 상상할 수 없었다.

장터를 오갈 때에는 짐을 진 보부상으로 위장하고 인파 속에 자연스럽게 섞여 들었다. 경찰의 눈을 피하려 때로는 승복을 입고 사찰에 머물기도 했다. 승려라는 신분은 감시망에서 상대적으로 자유로울 수 있는 효과적인 위장이었다.

상황과 장소에 따라 변장에 변장을 거듭했다. 그렇게 1,600여 명의 경찰을 따돌린 치밀함과 담대함은 장진홍이 투사를 넘어 뛰어난 전략가였음을 증명했다.

1927년 가을, 대구 조선은행의 굉음이 채 식기도 전에 가슴속에는 또 다른 불꽃이 타오르고 있었다. 폭파 의거가 기대만큼 큰 파급력을 가져오지 못했다는 아쉬움이 있었다. 이러한 감정은 더 크고 강력한 불꽃으로 승화되고 있었다.

자결로 비밀을 지키다

차가운 폭탄 잔해는 많은 것을 말해주고 있었다. 일제 경찰은 폭발 현장에서 수습한 파편을 꼼꼼히 분석하며 범인 혼적을 쫓았다. 폭발물의 정교함과 성분은 일본의 무정부주의자들, 특히 폭탄 제조 전문가의 개입 가능성을 시사했다. 수사망은 곧장 일본인 아나키스트들에게로 향했다. 그 명단 위에는 호리키리 시게사부로라는 이름이 선명하게 떠올랐다.

호리키리는 자신의 몸에 새겨진 멍에를 뼈저리게 느꼈다. '무정부주의자', '폭탄 제조범', '조선 독립운동 가담자' 라는 꼬리표가 따라붙었다. 부산항을 통해 일본으로 돌아가려던 계획은 경찰의 좁혀오는 수사망에 좌절되었다. 경산을 떠나 인파로 넘쳐나는 대구로 거처를 옮겼다. 칠성동의 한 일본인 철도원 집에 몸을 숨긴 채 조심스러운 나날을 보냈다.

의거 나흘째인 10월 22일 밤, 잠 못 이루던 호리키리의 귀에 요란한 사이렌 소리가 들려왔다. 소리는 점점 가까워지며 칠성동 일대를 뒤덮었다. 그는 창문을 열고 밖을 내다보았다. 어스름 속에서 경찰들이 집집마다 들이닥치는 광경이 보였다. 섬뜩했다. 올 것이 왔음을 직감했다. 심장이 미친 듯이 뛰었다.

　　호리키리의 시선은 책상 위 검은 쇳덩이 자결용 폭탄에 닿았다. 거사를 준비하며 장진홍, 이내성과 나누었던 무언의 약속과 자유를 향한 열망이 응축된 상징이었다. 더 이상 폭탄을 만들거나 총을 쏠 힘은 남아 있지 않았다. 그럼에도 무정부주의자로서의 신념과 그들과의 약속만은 끝까지 지켜야 했다.

　　"쾅! 쾅! 쾅!"

　　밖에서 문을 부수는 소리가 들려왔다. 떨리는 한 손으로 차갑게 식은 쇳덩이를 감싸 쥐었다. 입술에서 짧은 속삭임이 새어 나왔다.

　　"자유는, 여기서 끝나지 않는다."

　　문이 거칠게 부서지며 경찰들이 밀려들었다.

　　"이놈 잡아라!"

　　총부리와 곤봉이 눈앞에서 번쩍였다. 망설이지 않고 도화선에 불이 닿는 순간, 그의 몸은 마지막 불꽃처럼 타올랐다.

대구시 중구 중앙대로 435,
옛 조선은행 대구지점 앞에 세워진 장진홍 선생 흉상

멈추지 않는 강물처럼

"콰앙!"

귀청을 찢는 굉음과 함께 집은 산산조각 났다.

창살이 찢겨나가고 파편이 공기를 가르며 튀어 올랐다. 경찰의 비명이 폭음과 뒤엉켜 흩어졌다. 호리키리의 삶은 그렇게 끝났지만, 반일투쟁은 사라지지 않았다. 폭탄의 굉음은 대구의 밤하늘을 가로질러 투쟁을 이어가던 독립운동가들의 가슴에 메아리쳤다.

경찰은 여기에 그치지 않고 이내성을 추적했다. 그는 이미 경찰의 수사명단 맨 위를 차지하고 있었다. 진평동 만세운동 주모자로, 요주의 인물이었다. 경찰은 그가 한주학파와 깊은 관련이 있음을 잘 알고 있었다.

일제 경찰과 숨바꼭질을 하던 이내성은 야밤을 틈타 장진홍의 은신처를 찾아갔다.

"경찰이 수사망을 점점 좁혀오고 있네. 한시라도 빨리 여길 벗어나 일본으로 피신하게. 자네는 아직 해야 할 일이 많지 않은가."

이내성이 남긴 마지막 말이었다.

그는 장진홍을 만난 뒤 곧바로 지리가 익숙한 칠곡과 구미쪽으로 향했다. 포위망이 턱밑까지 다가왔음을 느낀 이내성의 눈빛에는 비장함과 함께 애틋함이 서려있었다. 그는 동지들의 비밀을 지키고 일제에 굴복하지 않겠다는 굳은 의지를 불태웠다. 구미의 한적한 농가에 몸을 숨기고 비극적인 최후를 맞을 준비를 하고 있었다.

1927년 12월 13일, 구미 빈 농가에 밤의 장막이 드리워졌다. 어둠 속으로 총과 포승줄을 든 경찰 그림자가 소리 없이 다가오고 있었다. 이내성은 더는 물러설 곳이 없음을 깨달았다. 그의 마음은 고요한 밤처럼 침묵했다. 하지만 그 어느 때보다 뜨겁게 타올랐다. 얼굴에는 공포 대신 비장함이 감돌았다.

이내성은 빈 오두막집 방 한가운데 몸을 뉘었다. 한평생 지켜온 동지들과 독립의 큰 뜻이 그의 가슴을 벅차게 채웠다.

"일제에 붙잡혀 굴욕을 당하지 않으리라. 차라리 죽음으로써 모든 비밀을 가슴에 묻고 동지들의 마지막 방패가 되어 주리라."

그의 눈은 흐릿한 천장을 응시하며 마지막 말을 되뇌었다.

"진홍아, 그리고 나의 동지들아. 나는 이제 먼저 간다. 내 한 몸의 피가 너희의 길을 굳건히 지켜주리라. 부디 꺾이지 않는 푸른 칼날이 되어 조국의 하늘에 꽂히거라. 나의 죽음은 끝이 아니다. 우리가 꿈꾸던 그날의 시작이 될 것이다."

경찰이 들이닥치기 직전, 그는 평소 만약의 사태에 대비해 품속에 지니고 있던 독약을 꺼내 주저 없이 삼켰다. 짧은 고통과 함께 몸속에서 뜨거운 열기가 솟구쳤다. 그의 마지막 숨결은 이 땅의 독립을 향한 깊은 염원과 함께 잦아들었다.

경찰이 문을 부수고 들어왔을 때, 방 안에는 이미 고요히 눈을 감은 이내성의 따스한 시신만이 누워있었다. 그의 몸은 생명을 잃었지만, 그가 지킨 비밀은 영원히 살아남아 동지들의 길을 열어주었다.

이내성의 죽음은 동지들을 보호하고 항일정신을 지키기 위한 위대한 헌신이었다. 그가 남긴 발자취는 독립을 향한 꺼지지 않는 불꽃으로 남아 모두의 가슴속에 뜨겁게 새겨졌다.

이에 앞선 1927년 11월 하순, 때 이른 북풍이 안동의 산자락을 휘감고 있었다. 서후면 깊숙한 곳에 숨어든 장진홍은 친척 장용희의 집으로 향했다. 눈에 띄지 않는 허름한 초가집 안, 차가운 냉기가 감도는 방에서 두 사람은 긴 숨을 내쉬며 격렬하게 거사 계획을 논했다. 침묵 속에서 오가는 시선은 분노와 결의로 이글거렸다. 며칠 뒤 장진홍은 직접 만든 폭탄 세 개를 장용희에게 건넸다. 안동경찰서와 주요 기관들을 무너뜨릴 불덩어리였다. 그러나 그 불씨는 끝내 타오르지 못했다.

다음 해 7월, 장용희는 병마를 이기지 못하고 세상을 떠났다. 거사는 시작조차 하지 못한 채, 그의 죽음과 함께 땅에 묻혀야 했다.

1928년 새해를 며칠 앞둔 무렵, 장진홍에게 비통한 소식이 날아들었다. 동지 이내성이 차가운 주검으로 돌아왔다는 연락이었다. 그는 땅을 치며 통곡했다.

"이 분함을 절대 용서하지 않으리! 내 기필코 일제의 심장을 갈기갈기 찢어놓으리라!"

그의 절규는 싸늘한 공기 속으로 흩어졌다. 하나의 불꽃이 꺼질 때마다 짊어져야 할 멍에는 더욱 무거워졌다. 이제는 짓밟힌 역사의 무게를 홀로 짊어지고 가야 할 때였다.

1928년 1월 20일, 그는 영천의 김기용을 찾아갔다. 자신이 조선은행 대구지점 폭파 의거의 장본인임을 밝혔다. 그리고 서로 양손을 맞잡고 동지의 맹약을 맺었다. 두 사람은 영천경찰서와 친일 부호 이인석의 집을 목표로 정했다.

1919년 만세운동의 불꽃 속에서 타올랐던 투사 김기용은, 그 시절 이후 영천에서 여인숙과 어물전을 운영하며 조용히 세상을 지켜보고 있었다. 그의 여인숙은 장진홍에게 더없이 완벽한 은신처가 되었다.

이윽고 장진홍의 손끝에서 다이너마이트 다섯 개와 뇌관 여섯 개가 두 개의 폭탄으로 재탄생했다. 이 뜨거운 응어리는 김기용의 손에 조용히 쥐어졌다.

김기용은 은밀히 예행연습을 하며 기회를 엿보고 있었다. 그러나 1929년 2월 14일, 장진홍이 검거된 이후 일제 경찰 최석현 수사단의 교활한 공작에 넘어가 체포되고 말았다. 차가운 취조실에서 이어진 모진 고문은 그의 굳은 의지를 조금씩 갉아먹었다. 결국 그는 고통을 이기지 못하고 장진홍과의 과거 모의 과정을 털어놓았다.

이에 앞서 도주에 나선 장진홍은 일본행을 결심했다. 평생의 동지 이내성을 잃은 충격이 채 가시지 않았다.

"그래, 일본으로 가자. 그리고 일제의 심장을 찢어버리자."

그는 이내성이 남긴 말을 떠올렸다. 그리고 일본으로 갈 준비에 박차를 가했다. 타고 갈 밀항선과 자금이 필요했다.

검거의 광풍, 이육사 형제들

겨울의 끝자락, 대구경찰서 유치장은 축축한 냄새와 사람들의 신음으로 가득 차있었다. 벽에는 쇠로 만든 고문 도구들이 질서정연하게 걸려있었다. 그 차갑고 날카로운 끝은 마치 살점을 벗겨낼 준비가 된 짐승의 이빨 같았다.

장진홍의 동지들이 하나둘 포위망에 걸렸다. 박노선, 박관영, 그들의 이름이 체포 명부에 올라가는 순간, 진범이 누구인지 일제 경찰은 확신했다. 조선은행 대구지점 폭파사건은 더 이상 한 사람의 저항이 아니었다. 일제는 이 사건을 독립운동 전체를 짓밟을 명분으로 삼았다. 조선은행 폭파는 독립운동 세력을 탄압하기 위한 최적의 구실이 되었다.

일제 경찰은 삼삼오오 조를 짜 전국을 누볐다. 총검을 멘순사들은 골목마다 그림자처럼 드나들었다. 사람들은 문틈으로 그들을 훔쳐보다 이내 숨을 죽였다. 그 발걸음은 범인을 찾기 위한 것이 아니었다. 독립의 싹을 아예 뿌리째 뽑기 위한 것임이 분명했다.

수사망의 중심에는 친일 형사 최석현이 있었다. 그는 장진홍의 발자취를 좇으면서 만난 모든 사람을 공범으로 몰았다. 일제는 이 의거를 개인 소행으로 보지 않았다. 배후에 거대한 독립운동 조직이 있다고 판단했다. 그 안에는 한주학파 유림 조직, 사회주의자, 아나키스트 세력이 얽혀 있다고 확신했다. 그리하여 대대적인 검거 작전이 시작됐다.

이름조차 모르는 무고한 사람들, 학자, 상인, 교사, 심지어 학생까지 '불령선인'이라는 이름 아래 마구잡이로 끌려갔다. 누군가는 한 번 만났다는 이유로, 누군가는 같은 고향이라는 이유로, 혹은 그럴 가능성이 있어 보인다는 말 한마디로 100명이 넘는 사람들이 연행됐다.

칠흑 같은 밤, 일본 순사들이 마을 어귀에 들이닥치면 개 짖는 소리와 함께 사람들은 가슴을 졸이며 집 안에 숨었다. 가족과 헤어진 사람들은 경찰서의 습기 찬 방으로 끌려갔다. 그들은 며칠 뒤 피범벅이 된 채 돌아오거나 돌아오지 못했다.

장진홍의 매형 김상한은 감시를 받으며 협조를 강요당했다. 도피를 도왔다는 이유로 심한 고초를 겪었다. 또한 동지이자 유림 지인들은 의거와 무관했음에도 도피를 도왔다거나, 폭탄 제조를 도운 혐의로 붙잡혀 갔다. 증거는 없었다. 처남 또한 행적 은폐 혐의로 체포됐다.

모두 같은 방에 갇혀있었다. 두 손은 등 뒤로 묶였다. 물고문, 몽둥이질, 전깃줄, 그리고 잠을 재우지 않는 하얀 고문 등의 심문은 밤낮없이 이어졌다. 일제 경찰은 피투성이가 된 얼굴 앞에 서서 비웃었다.

"너희는 범죄자다. 독립이니 뭐니 하는 건 헛소리다."

그러나 풀려난 이들의 눈 속에는, 두려움과 함께 꺾이지 않은 불씨가 남아 있었다. 그 불씨를 없애기 위해 일제는 발악했지만 잔혹함은 오히려 더 많은 이들의 가슴속에 만행을 각인시켰다.

이어 최석현은 1928년 6월 'ㄱ당' 사건으로 체포된 장택원을 조사하던 중, 장진홍이 조선은행 폭파사건에 연루되었다는 확실한 단서를 포착했다. 장택원은 같은 칠곡 출신으로, 조사 과정에서 장진홍으로부터 폭탄 투척 관련 소문을 들었다는 식으로 진술해 그의 존재를 축소하려 했다. 그러나 최석현은 이 진술에서 이내성, 호리키리, 장진홍으로 이어지는 연결고리를 확신했다.

'ㄱ당'은 한글의 첫 글자이자 조선의 시작을 의미했다.

1928년 5월, 대구 달성공원에서 조직되었다. 중국 내 독립군 양성과 무장투쟁을 목표로 활동을 개시했다. 하지만 군자금 모집 중 일제 경찰에 발각되며 계획은 무산됐다. 그러나 이는 실패가 아니었다. 조선은행 폭파라는 불꽃을 지핀 장진홍과 동지들이 거대한 항일 네트워크를 이루고 있었음을 보여주는 사건이었다. 최석현은 남녀 밀정 6명을 동원해 끈질기게 장진홍의 뒤를 쫓았다. 1929년 1월 말, 밀정들의 제보를 통해 오사카에 사는 아우 장의환의 안경공장이 은신처라는 확신을 얻었다.

1929년 초겨울, 대구경찰서. 문이 거칠게 열리고, 군홧발이 시멘트 바닥을 두드렸다. 일제 경찰이 끌고 온 이는 이육사의 6형제 중 4형제였다. 맏이 이원기, 둘째 이원록, 셋째 이원일, 넷째 이원조. 그들의 얼굴엔 공포보다 의아함이 먼저 묻어있었다. 장진홍의 의거는 알고 있었지만, 폭탄과는 무관했다. 그러나 이미 결론은 내려져 있었다.

"배후다. 운반책이다."

혐의를 씌운 채, 형제들은 고문실로 끌려갔다. 폭탄상자에 쓰인 필체가 이원일의 것과 비슷하다는 게 일제가 내세운 이유였다.

고문은 상상을 초월했다. 다리 사이에 대나무를 끼워넣고 훑어내리면, 뼈와 살 사이를 파고드는 고통이 정신을 찢었다. 피가 배어 나오는 자리에서 고통은 끊이지 않았지만, 형제들은 이를 악물었다. 그러다 고문하는 경찰이 넷째를 붙잡자, 둘째 이원록이 소리쳤다.

"이놈들아, 나를 고문해라! 내 동생 건드리지 마라!"

"형님, 안 됩니다! 차라리 나를…… 으…… 윽…….''

셋째 이원일이 뒤엉킨 목소리로 외쳤다. 그 순간, 형제들의 목소리가 한데 뒤엉켜 고문실을 메웠다. 서로를 지키기 위해 자신을 내주었다.

1929년 10월 31일, 일제는 이원조와 이원기를 먼저 석방했다. 그러나 석방이라 부를 수 없었다. 이원기는 감옥 문을 나서기도 전에 몸을 휘청거렸다. 고문으로 다리를 제대로 쓰지 못하게 되었고, 그 상처는 끝내 아물지 않았다. 불편한 몸에도 독립운동을 계속하다가 1942년 7월 13일, 숨을 거두었다.

남은 둘째와 셋째, 이원록과 이원일은 더 오랫동안 감옥에 갇혀있었다. 장진홍이 일본 오사카에서 체포된 2월 이후에도, 5개월이나 더 미결수로 남았다. 판결은 단 한 줄이었다.

"공판에 회부할 범죄의 혐의가 없다."

그 말을 들었을 때조차, 손목엔 여전히 수갑 자국이 선명했다.

첫 번째 옥고에서 이원록은 수인번호 '264번'을 받았다. 그 번호는 이름 속에 새겨졌다. 이후 '이육사'가 되었고, 그 이름은 투쟁과 시(詩)에 남았다. 육사의 시에는 대나무의 차가운 결, 고문실의 쇳소리, 그리고 꺾이지 않은 의지가 숨 쉬었다. 석방된 뒤 잠시 중외일보 기자로 활동했지만, 곧 펜보다 총이 필요한 시기가 왔음을 깨달았다. 1932년에 중국 난징의 조선혁명군사정치간부학교로 건너가 비밀통신, 폭파 훈련, 선전 활동을 배우며 무장투쟁에 뛰어들었다. 그는 총을 들고서도 시를 놓지 않았다. 「절정」, 「광야」, 「청포도」 등 그의 시는 민족의 가슴을 두드리는 또 다른 무기였다.

이육사는 17번의 옥고를 치렀다. 마지막은 1943년 5월, 어머니 1주기 제사에 참석하기 위해 귀국한 날이었다. 다시 붙잡혀 베이징 일본 총영사관 지하 감옥에서 심한 고문을 당했다. 그리고 1944년 1월 16일, 39세의 젊은 나이에 감옥에서 순국했다.

짧지만 거센 그의 삶은 끝까지 억울함과 사랑, 민족애와 저항으로 빛났다.

오사카의 깊은 밤

　장진홍은 영천을 빠져나와 부산으로 향했다. 조선일보 지국장 시절 알았던 동지들의 도움을 받아 일본으로 향하는 밀항선과 자금을 어렵게 마련했다. 1928년 2월, 부산항은 새벽 안개 속에서 숨을 죽이고 있었다. 바닷물 위로는 간헐적으로 석유 냄새가 번졌다. 멀리서는 기계의 둔탁한 금속음이 불규칙하게 울려왔다. 장진홍은 긴 옷깃을 세우고 창고 그림자에 몸을 숨겼다. 황진박은 곁에서 숨을 고르며 부두 건너편을 살폈다. 그곳엔 순찰 중인 일본 순사 두 명이 권총을 찬 채 여유롭게 담배를 피우고 있었다. 눈빛은 무심한 듯 보였지만, 그 무심함이 오히려 서늘했다.

　"만주 쪽은 완전히 봉쇄됐다고 하더군."

　황진박의 목소리는 거의 숨결에 가까웠다.

"그래서 우리가 여기 있는 거지요."

장진홍은 짧게 답하며 눈길을 끌지 않으려 했다.

부두의 어둠 속에는 낡은 목선 한 척이 묶여있었다. 멀리서 보면 오래된 고기잡이배 같았다. 가까이 다가가면 배의 측면에 얼룩처럼 붙은 일본 오사카행이라는 화물 마크가 보였다.

그 배의 선장은 짧고 날카롭게, 마치 '지금 아니면 기회가 없다' 는 듯 어둠 속에서 손짓했다. 그들은 부두 위 철제 레일을 밟으며 움직였다. 레일 사이로 빗물이 고여 있었고, 발걸음마다 파문이 번졌다.

어딘가에서 개 짖는 소리가 울렸다. 그 순간 장진홍의 심장은 두 번 뛰었다. 순사의 발걸음이 멈춘 듯했으나, 곧 멀어졌다.

승선 직전, 고개를 돌려 부산항을 바라봤다. 등불이 점점이 이어진 부두의 불빛, 그 너머 어둡게 잠긴 골목길들. 언제 다시 돌아올 땅인가 하는 생각이 들었다. 장진홍은 주먹을 꼭 쥐었다. 기관이 천천히 몸을 깨우듯 떨기 시작했다. 부산의 불빛이 물 위에서 일렁이다가 점차 멀어지고, 사라지고, 바다의 어둠 속에 삼켜졌다. 그제야 숨을 길게 내쉬었다. 지루하고 고된 항해가 이어졌다.

다음 날 새벽, 거센 파도를 견딘 작은 배는 드디어 오사카 앞바다에 닿았다. 항구 위로는 석탄 먼지가 뿌연 안개처럼 깔렸다. 새벽 햇빛은 회색으로 넓게 번졌다. 짐꾼들이 고함치는 소리, 화물 상자 부딪히는 둔탁한 소리, 부두 위 쇠바퀴의 삐걱거림이 뒤엉켜 있었다.

장진홍은 옷 속 깊숙이 종이 한 장을 숨겨두고 있었다. 그것은 일본 땅에서 기댈 수 있는 유일한 주소였다.

부두를 빠져나오자, 이방인을 보는 시선이 곧바로 등을 스쳤다. 고개를 숙이고 걸었다. 어딘가에서 속삭이는 말소리와 눈길이 따라오는 듯했다.

거리에선 생선 비린내가 번졌다. 가끔 튀김 기름의 묵직한 냄새가 바람에 실려왔다. 상점마다 낯선 글자가 가득했고, 종이로 만든 등이 희미하게 흔들리고 있었다.

지나가는 사람에게 주소가 적힌 글자를 따라 떠듬떠듬 일본말을 내뱉었다.

"히가시…… 나리쿠…… 이카이노…… 쵸…… 508…… 반지……."

말이 서툴러서인지 어떤 이는 이해하지 못한 채 지나쳤다. 어떤 이는 손끝으로 대강의 방향만 가리켰다. 오사카 거리와 사람들은 차갑지도 따뜻하지도 않았다. 그저 무심하게 스쳐 지나갈 뿐이었다. 대로에서 한참을 벗어나자 골목이 더 촘촘해졌다. 빨랫줄이 머리 위를 가로지르고, 가끔 창문이 열리며 일본 가요가 라디오에서 흘러나왔다. 바닥의 물웅덩이는 하늘을 비추지 못한 채 시커멓게 고여있었고, 담벼락엔 오래된 포스터가 바람에 반쯤 찢겨 나부꼈다.

드디어 골목 끝에 작은 공방이 나타났다. 기리 메가네 세이사쿠쇼, 즉 '의리(義理)안경제작소'라는 글자가 희미하게 적혀있었다. 동생 장의환의 안경공장이었다. 문을 밀자, 금속과 유리 냄새가 한꺼번에 몰려왔다. 작업대 위에는 안경테, 렌즈, 반쯤 조립된 안경들이 흩어져 있었다.

그때, 작업대 뒤편에서 망치를 들고 있던 사내가 고개를 들었다. 순간, 그의 표정이 얼어붙었다.

"혀…… 형님?"

목소리에는 놀람과 믿기지 않는 감정이 섞여 떨렸다.

장진홍은 대답 대신 천천히 고개를 끄덕였다. 그 짧은 끄덕임 속에는 지난 피신의 나날과 앞으로의 결심이 모두 담겨있었다. 밖에서는 여전히 일본 가요가 희미하게 흘러나왔지만, 공방 안은 순간 숨소리조차 크게 느껴질 만큼 고요했다.

1928년 3월 20일, 오사카의 아침. 비릿한 바닷바람이 가신 뒤 거리는 평온했다. 사람들은 분주히 오갔고, 상점마다 일본어 인사말이 흘러나왔다.

동생의 작은 안경공장에는 안경테와 렌즈가 어지럽게 흩어져 있었다. 뿌연 렌즈 위로 햇빛이 반사되며 반짝였다. 이곳은 한인들이 자주 드나드는 장소였지만, 그 평범함이야말로 완벽한 은신처였다.

늦잠에서 깬 장진홍이 구석진 방의 문을 열었다. 이미 일을 시작한 동생이 고개를 들었다. 말없이 서로를 바라본 뒤, 장의환은 가볍게 고개를 끄덕였다. 형이 조국에서 어떤 일을 하고 왔는지, 그리고 앞으로 무엇을 할 것인지 알고 있었다.

그날부터 안경공장은 낮에는 평범한 공방이었지만, 밤에는 숨겨진 사무실이 되었다. 오사카에서의 은신은 비교적 안전했으나 마음만은 고요하지 않았다. 밤이 되면 작업대 위에 일본 지도를 펼쳐놓고 손가락으로 도시들을 짚었다. 오사카, 히로시마, 요코하마, 그리고 마지막에 멈춘 곳 도쿄.

그 한가운데, 치요다구 카스미가세키 2초메 1-1번지. 바로 동경경시청이 있었다. 일본 제국 경찰력의 심장부이자, 독립운동가들을 잡아들이는 거대한 그물망의 중심이었다. 조선에서, 만주에서, 그리고 일본 본토에서 싸우던 동지들의 피와 절규가 이곳에서 퍼져나갔다. 그 벽 안에는 고문실이 있었고, 무고한 이들의 뼈가 꺾이는 소리가 끊이지 않았다.

"그곳을 폭파한다."

그 생각은 단순한 복수가 아니었다. 조선의 울분을 일본 제국의 심장에 꽂아 넣는 선전포고였다. 본토 한복판에서도 조선의 저항은 살아있다는 사실을 보여주고자 했다.

장진홍은 밤마다 안경공장 창고에서 작은 폭약과 기폭 장치를 만지작거렸다. 창밖에선 자전거 소리와 장사꾼의 외침이 들려왔지만, 머릿속에는 도쿄 번화가와 경시청의 웅장한 석조 건물이 떠올랐다. 하얀 돌벽, 높은 창, 그 안에서 서류를 뒤적이는 경관들, 고문당하는 동지들의 울분, 그리고 폭음. 그 상상만으로도 심장이 뛰었다.

장의환은 작업을 멈출 때마다 조용히 차를 내왔다.

"형님, 몸부터 챙기셔야죠."

"아직은 쉴 때가 아니네. 아직은……."

그 대답 속엔 조국의 독립이 올 때까지 멈추지 않겠다는 결의가 담겨있었다. 이 시점에서 장진홍은 이미 개인이 아니었다. 한 민족의 의지를 짊어진 존재였다. 동경경시청을 겨냥한 꿈은 곧, 제국주의의 심장을 흔드는 활화산이 될 것이었다.

1928년 가을, 장진홍은 아침이 오면 슬그머니 외투를 걸

치고 기차역으로 향했다. 목적지는 도쿄였다. 오사카에서 도쿄까지는 약 500km. 기차를 타고 하루 종일 달려야 도착할 수 있었다. 그곳에 하얀 석조건물, 동경경시청이 눈앞에 서 있었다.

건물 주위를 빙 둘러 걸으며 작은 수첩에 빠르게 적었다.

"경비 교대, 오전 8시, 오후 4시. 후문 통로, 좁고 조명 약함."

벽돌 틈 하나, 창문의 높이, 경관들의 발걸음 속도까지 시선에 걸려졌다. 이곳을 무너뜨리는 것은 단순한 복수가 아니었다.

"심장을 멈추게 해야 한다. 그래야만, 조선은 숨을 돌릴 수 있다."

이 모든 준비는 혼자가 아니었다. 옆에는 늘 한 발 떨어져 걷는 황진박이 있었다. 두 살 위인 황진박은 효고현 조선인 노동자 집회에서 민중을 선동했다. 그리고 은밀히 도쿄의 신뢰할 만한 노동자와 학생들을 연결해 주었다. 그중에는 광산에서 다이너마이트를 다뤄본 사람, 항만 창고에서 폭발물을 옮기던 이도 있었다.

"형님, 이건…… 조심히 쓰셔야 합니다."

한 노동자가 건넨 자루 속엔 종이로 단단히 싼 다이너마이트 두 개가 들어있었다. 그 노동자의 손은 거칠고 검게 그을려 있었지만, 눈빛만은 맑았다. 그는 거사에 대해 아무것도 묻지 않았다. 다만 건넨 뒤 주머니에 손을 넣고 무겁게 말했다.

"나랏일에 쓰이는 거라면…… 목숨이라도 보태야죠."

또 다른 조력자들은 일본 대학에 다니는 한국인 유학생들이었다. 하숙집 등잔불 아래에서 일본어로 쓰인 도면을 펼치고 경시청 복도 구조를 설명했다.

"이쪽이 서류 보관실입니다. 경관들이 교대하는 틈은 여기서 발생합니다."

연필 끝이 종이 위를 빠르게 달렸다. 그들의 손끝에는 총 대신 정보가 있었다. 그 정보는 총알보다 귀중했다. 일본 사회의 모순을 누구보다 뼈저리게 느끼던 이들은, 일본 반제동맹의 회합에서 제국주의의 폭력에 맞서는 방법을 밤새 토론했다. 때로는 직접 경시청 앞에서 경비들의 동선을 확인했다. 때로는 민원인으로 위장해 건물 안 분위기를 살폈다.

거사 준비가 막바지에 이르자, 극소수의 일본 지식인들도 그림자 속에서 손을 내밀었다. 바로 아나키스트들이었다. 제국주의 체제에 반대하며 식민지의 고통을 자기 일처럼 껴안고 있던 이들이었다.

한 인쇄공은 신문지 사이에 경시청 주변 배치도를 숨겨 전달했다. 어느 대학 강사는 아무 말 없이 봉투 하나를 밀어주고는 고개를 끄덕였다. 봉투 안에는 거사 자금과 함께 짧은 쪽지가 들어있었다.

"우리는 같은 적을 보고 있다."

좁은 오사카 안경공장 창고를 뇌관, 도화선, 폭발물 조각, 손때 묻은 노트들이 메웠다. 장의환은 밤마다 형에게 차를 끓여주었지만, 그보다 먼저 눈에 들어온 것은 손등에 번진 화약 자국이었다.

"형님, 돌아오실 거죠?"

잠시 말을 멈추더니 담담하게 대답했다.

"돌아오면, 경시청이 없을 거다."

옆에서 듣던 황진박이 미소를 지었다. 창밖에서 일본 겨울의 찬 공기가 스며들었다. 그 속에서도 서로의 숨소리는 뜨겁게 이어졌다. 그림자 속, 이름 없는 조력자들이 하나의 목표를 향해 숨을 맞추고 있었다. 장진홍의 발걸음은 묵직했다. 그들을 떠올릴 때마다 마음을 짓누르는 이름 하나가 있었다.

'박열.'

이미 감옥에 갇힌 채 일제와 싸우고 있는 박열을 생각하며, 자신의 투쟁이 외로운 길이 아니라는 확신을 되새겼다. 박열이 관동대지진 이후 조선인 학살에 대한 분노로 천황 암살을 계획했던 것처럼, 장진홍 또한 불타는 정의감으로 또 하나의 폭탄을 만들고 있었다. 그는 생각했다.

"박열 동지, 그대가 법정에서 불꽃을 피우고 있으니, 나는 여기서 불길을 일으키겠소."

그 꺾이지 않는 투쟁 정신을 떠올리면서, 못다 이룬 꿈을 완수하고자 했다.

1928년 겨울, 장진홍의 발걸음은 희망과 불안이 뒤섞인 오사카 거리로 향했다. 항구의 차가운 바람은 낡은 코트 속으로 스며들었지만, 더 쓰라린 건 새로운 시대가 드리운 어둠의 그림자였다.

조선을 떠나왔지만, 제국주의 일본의 심장부 역시 자유의 숨결이 옥죄이고 있었다. 거리를 가득 메운 제복 입은 경찰들의 시선은 길모퉁이 그림자처럼 집요했다. 그들이 쫓는 것은 단지 범죄자가 아니었다. 모든 불안한 움직임, 모든 비판적인 속삭임을 찾아내려 혈안이 되어있었다.

치안유지법. 1925년에 제정된 이 법은, 이제 거대한 괴물이 되어 일본 열도를 짓누르고 있었다. 합법적인 조직 활동은 커녕, 삼삼오오 모여 조선의 미래를 논하는 것조차 위험천만한 일이 되었다.

동지들과 만날 때면 언제나 인적이 드문 뒷골목을 찾아야

했다. 그곳에서도 대화는 속삭임으로 이루어졌다. 누군가 다가오면 재빨리 화제를 돌려야 했다. 감시의 눈은 거리의 전봇대처럼 어디에나 서 있었다.

그럼에도 불구하고 시대의 격랑은 더욱 거세지고 있었다. 훗날 만주사변이라 불릴 침략의 야욕이 노골적으로 드러나는 시기였다. 군국주의의 팽창은 곧 내부 통제 강화로 이어졌다. 일본으로 숨어든 조선의 독립운동가들은 물론, 일본 내 사회주의자들까지 감시와 탄압의 표적이 되었다.

장진홍은 오사카 밤거리에서 조선인 노동자들이 모여있는 장소를 멀리서 바라보곤 했다. 그들은 춥고 배고픈 삶을 견디며 고국의 해방을 꿈꾸는 이들이었다. 그러나 그 희미한 희망조차도 일제의 감시망 아래 있었다.

그 눈빛 속에서, 그는 자신의 과거와 미래를 보았다. 그리고 깨달았다. 이 땅에서는 더 이상 희망을 키울 수 없다는 것을. 이 억압의 시대를 폭파할 한 줄기 빛을 찾아야 한다는 것을.

가슴속에서 폭탄의 심지가 타오르기 시작했다. 감시와 억압이 극에 달한 그 겨울, 다시금 혁명을 다짐하고 또 다짐했다.

1929년 1월 16일, 도쿄 치요다구 카스미가세키의 심장부. 겨울 도쿄는 차가운 비로 젖어 있었다. 치요다구 골목길의 등

불은 빗물에 번져, 마치 물속에서 출렁이는 것 같았다. 장진홍은 목깃을 세우고 사람들 사이에 섞였다. 그의 시선은 경시청 건물을 벗어나지 않았다.

석조의 거대한 벽면. 그 속에서 쏟아져 나오는 전등 불빛 아래 경관들이 교대하고 있었다. 군인들처럼 발걸음을 맞춰 걸었다.

그러나 그 틈새에 인파와 마차, 어둠이 만들어내는 순간적인 '그늘'이 있었다. 그늘은 곧 길이었고, 길은 탈출구였다.

그날, 장진홍은 우편 배달부로 변장했다. 일본인 동지가 마련해 준 회색 작업복과 모자를 쓰고, 손엔 두툼한 서류 가방을 들었다. 가방 안에는 종이 뭉치 대신 나무자, 줄자, 연필이 들어있었다.

"15초면 충분합니다."

정보를 준 유학생이 속삭였다.

"서쪽 출입구, 거기가 경비 사각지대입니다."

장진홍은 서쪽 복도를 지나며 잠시 걸음을 멈췄다. 창문 너머, 골목으로 이어지는 비상계단이 눈에 들어왔다. 그곳은 경관의 시야에서 완전히 벗어나 있었다. 그 아래로 내려가면 상점가로 이어졌다. 폭탄을 투척한 뒤 인파 속으로 사라지기엔 최적이었다.

장진홍은 그날 밤늦게 안경공장으로 돌아왔다. 장의환은 난로 위에 물을 데우고 있었다. 황진박은 벽에 일본 지도를 붙여놓은 채 경시청 주변 도로망을 붉은 선으로 표시하고 있었다.

"형님, 오늘은 어떤 길을 찾으셨습니까?"

"도주로를 찾았어. 이제 남은 건 딱 한 가지, '실행'."

형제간의 짧은 대화가 오갔다. 그림자 속 동지들이 고개를 끄덕였다. 그들의 손끝에, 일제 심장부를 향한 시간의 초침이 맞춰지고 있었다.

안경공장 뒤편 창고는 문을 닫으면 세상과 단절된 듯한 곳이었다. 1929년 2월 5일, 안경 부품 대신 창고 바닥에는 기름에 젖은 천, 금속관, 유리병, 손바닥만 한 뇌관이 놓여 있었다.

무릎을 꿇고 앉아 마치 장인이 정밀한 시계를 조립하듯 손을 놀렸다. 다만, 만드는 것은 시간을 맞추는 기계가 아닌, 시간을 멈추게 할 무기였다.

"다이너마이트는 이게 전부야."

황진박이 덮어놓은 포대 자루를 열었다. 누렇게 빛나는 폭약 덩어리가 드러났다. 광산에서 일하는 노동자가 목숨을 걸고 빼낸 것이었다. 말없이 손에 쥐어주던 이, 고개 숙이며 돌아서던 이. 그들의 침묵 속엔 나라를 위한 하나의 뜻만 담겨 있었다.

폭탄이 완성되자, 나무상자에 담았다. 겉면에는 '광학 부품, 취급주의'라 적혀 있었다. 장의환이 쓴 글씨였다. 상자는 그리 크지 않았다.

며칠 뒤, 장진홍과 황진박은 오사카역으로 향했다. 그리고 광학 부품으로 위장된 폭탄상자를 들고 야간열차에 몸을 실었다. 그 길은 일본 심장으로 향하는 보이지 않는 뇌관이었다. 두 사람은 무사히 도교의 심장부에 도착했다.

1929년 2월 12일, 거사 전날. 장기홍과 황진박은 동경경시청 인근 여관에 머물고 있었다. 긴장감이 좁은 방 안을 채웠다. 장진홍은 구석에 앉아 지도 위를 손가락으로 짚었다. 서쪽 복도, 비상계단, 도주로…… 모든 경로가 머릿속에 새겨져 있었다. 그러나 머릿속 한 귀퉁이에선 어머니의 얼굴과 대구 하늘이 번갈아 스쳤다.

"장 동지, 내일이면……."

황진박이 말을 잇지 못했다.

장진홍은 고개를 들었다. 눈빛은 단호했고, 목소리는 낮지만 깊었다.

"내일은 끝이 아니라 시작입니다. 경시청의 돌벽이 무너질 때, 그 소리가 조선까지 닿아야 합니다."

그 순간, 방 안의 그림자마저 숨을 죽였다. 밖에선 겨울비가 지붕을 두드리고 있었다. 그것이 마치 초침처럼, 거사의 시각을 세고 있었다.

화염에 휩싸인 동경경시청

1929년 2월 13일, 아침 하늘은 잿빛으로 내려앉아 있었다. 어깨에 멘 나무상자의 무게가 팔을 타고 흘러내렸다. 겉면엔 '광학 부품'이라 적혀있었지만, 그 안엔 제국의 심장을 멈추게 할 심장이 뛰고 있었다.

오전 10시 20분. 장진홍은 코트를 여미며 황진박과 함께 긴자 거리를 걸었다. 전차 종소리, 상점의 호객 소리, 군복 입은 경관들의 구두 소리가 한데 섞여, 도시의 맥박을 이루고 있었다. 그는 그 맥박을 멈추게 할 준비를 이미 끝냈다.

마루노우치 거리를 돌자, 동경경시청의 거대한 석조 건물이 시야를 가득 채웠다. 그곳은 제국주의의 심장부이자 식민지 조선의 피와 땀을 짜내 유지되는 폭력의 요새였다. 그 안에서는 오늘도 누군가 고문당하고, 절망 속에서 이름을 잃어

가고 있을 터였다.

잠시 걸음을 멈췄다. 대구의 하늘과 피 흘리던 동포의 얼굴 등 모든 기억이 한꺼번에 치밀어 올랐다.

"장 동지, 이대로 가는 건가?"

뒤따르던 황진박의 물음에, 짧은 대답이 돌아왔다.

"가야죠. 우리가 멈추면 저 건물은 영원히 서 있을 겁니다."

폭탄상자가 든 가방의 손잡이를 움켜쥔 손가락 마디가 하얗게 변했다. 마치 손아귀 속 폭탄보다 결심이 더 큰 폭발력을 품고 있는 듯했다.

그 순간, 도쿄 한복판의 모든 소음이 사라진 듯 느껴졌다. 오직 한 사람의 심장박동만이 거리를 울리고 있었다. 황진박은 뒤에 남았고, 장진홍은 천천히 걸음을 옮겼다.

경시청 정문을 통과하자, 차가운 대리석 바닥이 발끝으로 진동을 전했다. 복도 끝에는 하얀 장갑을 낀 경관이 매서운 눈빛으로 서 있었다. 장진홍은 익숙한 안경과 광학 부품 상인처럼 표정을 지으며 어깨의 가방을 조금 더 아래로 내렸다. 천장 가까이에 매달린 전등은 유난히 차가운 빛을 뿜어냈다. 그 아래서 경비병의 동선을 눈으로 그렸다. 5분 간격의 교대,

북쪽 계단의 빈틈. 그 틈이 바로 조선의 분노를 심을 순간이었다.

경시청 서관과 본관을 잇는 좁은 복도. 서류 보관 창고가 있었다. 창문 너머로는 마루노우치 거리가 내려다보였다. 인적이 드물며, 폭발 충격을 건물 중심부로 전달할 수 있는 지점. 장진홍이 계산해 둔 장소가 눈앞에 있었다.

무심한 듯 가방을 바닥에 내려놓았다. 손끝에 닿는 금속의 차가움이 뼛속까지 스며들었다. 반대편 복도, 일본 학생으로 위장한 조선인 유학생이 서류철을 들고 서 있었다. 짧은 눈맞춤. 그 안엔 "지금이 기회다."라는 무언의 신호가 담겨 있었다.

경비병의 발소리가 멀어지자, 가방을 재빨리 서류함 뒤편으로 밀어 넣었다. 서류 더미 뒤, 서랍 속 깊이 숨겨진 작은 금속 덩어리가 조용히 시간을 삼키고 있었다. 몸을 깊숙이 숙여 도화선에 불을 붙이고 마지막 뇌관을 조정했다. 손끝이 미세하게 떨렸다. 가방을 닫고 복도를 빠르게 빠져나와 마루노우치 거리에 발을 내딛는 순간,

"쾅!"

귀를 찢는 폭음이 도쿄 한복판을 갈랐다. 경시청 중앙부가 불꽃과 먼지 속으로 휩쓸렸다. 대리석 벽이 갈라지고, 창문이

산산조각 났다. 유리 비가 거리를 덮쳤다. 불기둥과 회색 연기가 건물 절반을 집어삼켰다.

경관들의 고함, 연기에 질식한 사람들의 기침 소리, 그리고 무너진 잔해 속에서 들려오는 비명과 뒤엉켰다. 순찰 중이던 경관은 피를 흘리며 비틀거렸다. 시민들은 공포에 질린 채 사방으로 도망쳤다.

"폭탄이다! 폭탄!"

군중 속에서 터진 외침이 번개처럼 번졌다. 마루노우치 일대는 순식간에 아수라장이 되었다. 연기가 하늘을 뒤덮었다. 제국의 심장부는 무너진 폐허로 바뀌었다.

긴급 경계령이 도쿄 전역에 내려졌다. 사이렌 소리와 함께 소방차, 군용 트럭이 몰려들었다. 사람들 얼굴엔 불신, 공포, 충격이 뒤섞여 있었다.

이날의 폭발은 건물만 파괴한 것이 아니라 조선인을 무력한 식민지 백성이라 여긴 일본 제국주의의 환상을 산산조각 냈다.

마루노우치의 소음 속, 장진홍은 이미 인파 속에 녹아 사라지고 있었다. 귓가엔 여전히 폭발의 메아리가 울렸다. 그 소리는 조선의 억눌린 심장을 깨우는 천둥이었다.

경시청은 아수라장이 되었다. 대리석 바닥엔 깨진 유리와 금속 파편이 쌓였고, 비릿한 피 냄새가 번졌다. 생존한 경찰들은 울부짖으며 잔해 속에서 동료를 끌어냈다.

"비상령 발동! 모든 역과 항구를 봉쇄하라!"

전신전화와 전보가 쉴 새 없이 오갔다. 도쿄는 물론 오사카와 요코하마까지도 "범인은 조선인"이라는 정보가 순식간에 퍼져나갔다.

골목에서 대기하던 황진박이 기름때 묻은 허름한 옷을 건넸다. 장진홍은 재빨리 갈아입은 뒤, 함께 기차역으로 향했다. 베이지색 작업복에 회색 외투, 낡은 머플러와 가방. 멀리서 보면 철도 노동자나 하역 인부 같았다.

황진박도 회색 솜저고리에 낡은 모자를 눌러쓰고, 오른손에 무거운 자루를 들고 있었다.

플랫폼 위엔 무장 경관들이 가득했다.

"신분증! 가방 열어!"

"멈춰! 어디서 왔나!"

조선인으로 보이는 이들은 이유도 없이 구석으로 끌려갔다. 어떤 이는 두 팔이 꺾인 채 아무 말도 못 하고 끌려갔다.

"자네, 고개 숙이고 말은 아끼게. 저기 오른편, 짐 나르는 통로로 가세."

두 사람은 철로 아래 보급품 통로로 들어갔다. 하역 인부

들이 석탄 자루와 화물 상자를 옮기고 있었다. 그 사이로 숨어 3등석 칸에 올랐다.

출발 직전, 한 경찰이 객차 문을 열고 안을 훑어봤다. 장진홍은 고개를 숙인 채, 긴 하루를 마친 노동자처럼 가방 위에 팔을 얹고 눈을 감았다. 그 순간, 황진박이 일부러 피곤한 듯 깊게 한숨을 내쉬었다.

긴장된 침묵. 그러나 경찰은 그 모습 그대로 지나쳤다.

덜컹, 기차가 움직이기 시작했다. 차창 밖을 보며 둘은 짧은 눈빛을 주고받았다. 첫 관문을 넘긴 셈이었다.

차가운 바람이 부는 1929년 2월 14일 새벽, 기차가 오사카 역에 도착했다. 승강장은 여전히 경계가 삼엄했지만, 도쿄만큼 살벌하진 않았다.

"자네는 곧장 동생 집으로 가게. 난 효고현 쪽으로 가서 사람들을 만나겠네."

황진박의 낮은 목소리가 조용히 흘렀다. 오사카 인근 조선인 노동자들과 인맥이 깊은 그는, 은신과 물자 조달을 위한 뒷일을 맡기로 되어 있었다. 장진홍은 고개를 숙이며 짧게 인사했다.

"형님, 몸조심하십시오."

역 앞 골목에서 둘은 짧게 손을 맞잡고 각자의 길로 흩어졌다.

안경공장은 이미 하루가 시작된 분위기였다. 창문 너머로 렌즈 가는 소리, 금속을 다듬는 규칙적인 쇳소리가 들려왔다. 장의환이 놀란 얼굴로 문을 열었다.

"형님, 무사히 오셨습니까?"

장진홍은 지친 미소를 지으며 고개를 끄덕였다. 가방을 내려놓자마자 구석방으로 들어가 몸을 눕혔다. 온몸이 무거웠다. 눈꺼풀은 돌덩이처럼 내려앉았다.

골목에서는 이미 일본 형사들이 드나들며 주변을 훑고 있었다. 그들 사이에는 최석현과 남 아무개 형사부장도 있었다. 안경공장 인근 천왕사 앞 일출여관에 진을 친 이들의 시선은 2층 창문 하나에 고정돼 있었다. 동경경시청 폭파 소식을 접한 직후였다. 최석현은 조선인 노동자 다섯 명을 매수했다. 여성 밀정을 통해 김해중이라는 낯선 인물이 공장에 머물고 있다는 정보를 입수했다.

그 여성 밀정은 이 주변에 집을 구한다며 장의환의 부인에게 접근했다. 부인이 식사를 준비하러 부엌에 들어간 틈에 그녀는 여덟 살짜리 장의환의 아들에게 이런저런 질문을 던

공판장으로 호송되는 장진홍 (사진제공: 독립기념관)

졌다. 아이가 장진홍을 '큰아버지' 대신 '선생님'이라 부른다는 것까지 파악했다.

그들은 확신했다. 안에 있는 인물이 바로, 그토록 쫓던 장진홍임. 창문 너머 번쩍이던 그 시선은 사냥감을 노리는 맹수의 눈빛과 다르지 않았다.

1929년 2월 14일 저녁 무렵, 낯선 조선인 사내 둘이 안경 공장 문을 열고 들어섰다. 일제 경찰이 밀정으로 동원한 이춘

득과 남주희였다. 검은 모직 조끼, 반듯한 구두. 겉모습은 단정했지만, 눈빛만큼은 예사롭지 않았다.

"안경이 아주 많이 필요해서 말입니다. 1만 5천 개 정도. 조선에 가져가 팔 작정이오."

말은 부드러웠으나 시선은 공장 구석구석을 훑고 있었다. 기계 배치, 창문 위치, 2층 계단의 각도까지…… 모든 구조를 머릿속에 새기듯.

계약금이라며 두툼한 봉투가 건네졌다. 안에는 거액이 들어 있었다. 장의환은 눈을 크게 떴다.

"이렇게 큰돈을……."

사내가 웃으며 말했다.

"잠시 다른 볼일 본 후 곧 다시 들르겠습니다. 밤에 술이나 한잔하시죠."

문을 나서자, 골목 어귀에서 그들의 표정은 냉혹하게 바뀌었다.

밤이 되자, 그 손님들이 다시 공장으로 돌아왔다. 오랜만에 들어온 목돈에 장의환은 2층에 술상을 차렸다. 동생의 부름에 장진홍도 구석방에서 나와 자리에 앉았다. 같은 조선인이라며 고향 이야기를 나누며 술잔을 주고받았다. 하얀 전등 아래, 유리잔 속 술이 은은히 흔들렸다. 술자리는 밤 11시 30

분을 넘기고 있었다. 밖은 바람 한 점 없는 정적이 흐르고 있었다.

"경찰이다! 움직이지 마!"

그때 현관문이 터져나가듯 열렸다. 두꺼운 가죽 장화를 신은 사내들이 들이닥쳤다. 가장 앞에는 조선에서 악명 높던 최석현. 그 뒤를 따라 일본 경찰 수십 명이 계단을 메우며 쇠칼과 곤봉을 들고 올라왔다.

장진홍은 반사적으로 전등을 깨뜨리고 창문 쪽으로 달려갔다. 어둠 속에서 유리를 깨고 몸을 날렸지만, 아래는 이미 경찰들이 촘촘히 포위하고 있었다.

"잡아라!"

그들의 얼굴엔 승리감과 살기가 어렸다. 더는 도망칠 곳이 없음을 직감한 그는 품 안의 단도를 꺼냈다. 칼날이 전등 불빛을 반짝이며 스쳤다.

"한 놈이라도 더 죽이고……."

장진홍은 낮게 중얼거리며 달려드는 형사를 향해 번개처럼 휘둘렀다.

"악!"

형사는 비명과 함께 물러섰다. 다른 둘이 옆에서 달려들었다. 순간 몸을 옆으로 돌리며 칼을 휘둘렀다. 짧은 순간, 숨소리와 발소리, 칼 부딪는 소리가 엉켰다. 그러나 수십 명의 경찰이 동시에 덮쳤다. 곤봉이 어깨를 강타하고, 누군가 팔목을 움켜쥐었다.

장진홍이 마지막 저항으로 칼끝을 자신의 목동맥으로 향한 순간, 팔이 뒤에서 꺾이며 칼이 바닥에 떨어졌다. 쇠사슬 소리가 들리고 포승줄이 거칠게 손목을 조였다.

자정을 넘긴 시간, 장진홍은 오사카의 츠루하시경찰서 조사실로 끌려갔다. 방 안에는 일본 경찰과 조선에서 건너온 최석현 수사단이 앉아 있었다. 옆자리엔 이미 체포된 황진박이 고개를 숙이고 있었다.

"누구와 함께했나?"

"나 혼자다."

일제 경찰은 그를 조선은행 대구지점 폭파와 동경경시청 폭탄 투척의 주범으로 규정하고 즉시 조선으로의 압송을 결정했다. 그를 조사해 남은 독립운동 세력을 뿌리째 뽑겠다는 심사였다. 그들의 눈빛 속엔 이미 포획한 맹수를 내려다보는 사냥꾼의 냉혹한 웃음이 깃들어 있었다.

절명의 항거

1929년 2월 14일 늦은 밤, 겨울 바다.

호송선 갑판 위는 차가운 해풍에 젖어있었다.

동해를 향해 선박이 항해하고 있었다. 쇠사슬에 묶인 장진홍은 묵묵히 수평선을 바라보았다. 그 너머에는 조국의 땅이 있었지만, 발걸음이 향하는 곳은 자유가 아닌 감옥이었다.

형사들은 난로 곁에서 담배를 피우며 졸린 눈을 비볐다. 그 틈을 타, 그는 몸을 낮춰 난간 쪽으로 다가갔다. 쇠사슬이 달그락거렸지만, 거친 파도 소리가 그 소음을 삼켰다.

"지금이다."

순간, 난간을 넘으며 차가운 바다로 몸을 던졌다. 그러나 누군가의 거친 손이 발목을 낚아챘다.

"이놈!"

외침과 함께 다시 끌려 올라왔다. 조국의 바다에 스며들려던 첫 자결 시도는 그렇게 무너졌다.

압송 후 경산경찰서의 차가운 유치장. 철문이 열리고, 그는 심문실로 끌려갔다. 탁자 너머엔 일본 경찰과 조선인 형사들이 섞여 앉아있었다.

"누구와 함께했나?"

그는 입을 열지 않았다. 곧 주먹이 날아들고, 의자가 뒤집혔다. 몽둥이가 어깨와 허리를 때렸다. 차가운 물이 얼굴에 들이부어졌다. 그러나 끝내 입을 열지 않았다.

"네놈이 죽기를 원하나? 그렇게는 안 보내주지."

형사의 목소리엔 살기가 배어있었다.

그날 밤, 장진홍은 시멘트 바닥에 앉아 헐떡이며 숨을 골랐다. 피와 땀이 뒤섞인 입안은 짠내로 가득했다. 그는 이를 악물며 생각했다.

"이대로 놈들 손에 죽을 수는 없다."

감시가 느슨해진 틈을 타 담요를 찢어 끈을 만들었다. 한쪽은 쇠창살에 단단히 묶고, 다른 한쪽은 목에 걸었다. 조여오는 압박, 점점 빠져나가는 산소. 눈앞이 흐려지고, 감방 벽이 일렁이기 시작했다.

얼마나 지났을까. 모든 감각이 사라질 즈음, 요란한 소리

〔爆彈行商이되여〕 劒情을 살피든 〔張義士의遺影〕

大邱爆彈事件
嚴戒裡今日開廷
◇今 출結부터임원분전호◇
張鎭弘等九名出廷

劈頭의審理는
首犯張鎭弘

大邱爆彈事件判決
張鎭弘은死刑에
◇今十七日午前에物決言渡◇
開廷劈頭에首犯陳謝

장진홍 의사 사형확정 판결 신문 보도
(사진제공: 독립기념관)

가 들렸다.

"야! 이놈이 목을 매 자결을 시도했어!"

거친 손이 턱을 붙잡고, 또 다른 손이 목덜미를 움켜쥐었다. 의식을 잃은 얼굴엔 두려움이 없었다. 차가운 감옥 속에서, 마치 평화를 찾은 듯한 고요함이 감돌았다.

장진홍은 급히 병원으로 옮겨졌다. 심장은 미약하게 뛰었고, 생명은 가까스로 붙어있었다. 몸은 붙잡혔지만, 의지는 꺾이지 않았다.

그해가 저물고 있었다. 심문실엔 곰팡이 냄새와 피비린내가 엉켜있었다.

최석현이 팔을 책상에 올린 채 낮게 말했다.

"이제 그만 말하라. 목숨은 살려줄 테니."

장진홍은 굳게 입을 다물고 있었다. 손목의 쇠사슬이 살을 파고들었지만, 표정 하나 흐트러지지 않았다. 천천히 고개를 들어 충혈된 눈빛으로 최석현을 꿰뚫었다.

"너희들은 한민족의 피를 받고 태어나고도, 일제 경찰의 사냥개가 되어 동족의 해방운동을 방해하는 벌레들이다. 너희 죄상은 나의 죽은 혼이라도 절대 용서하지 않을 것이다!"

순간 심문실이 얼어붙었다. 조선인 형사들조차 눈을 피했

155
절명의 항거

다. 특히 최석현의 손이 떨렸다. 최석현은 억지웃음을 지어 보였지만, 그 말은 깊숙이 박혔다.

장진홍은 고문대 위에서도, 몽둥이 아래에서도 독립운동의 정당성을 외쳤다. 그에게는 심문실조차 또 하나의 전쟁터였다.

1930년, 그는 대구형무소로 이감되었다. 1월, 대구지방법원에서 1심 재판이 열리고 있었다. 법정 안은 헌병과 경찰로 가득했다. 쇠사슬에 묶인 채 피고석에 선 그는 고개를 빳빳이 들었다. 재판장이 판결문을 읽기도 전에 먼저 입을 열었다.

"조국의 독립을 위해 싸운 것이 죄가 될 수 없다."

방청석이 술렁였다. 일본인 판사들은 눈살을 찌푸렸다. 그러나 그는 굴하지 않았다.

그날, 장진홍에게 사형 선고가 내려졌다.

같은 해 4월 24일, 대구 복심법원에서 열린 2심 재판정의 공기는 팽팽했다.

재판장이 "피고 장진홍, 사형 확정."이라고 판결문을 읽어 내려갔다. 장진홍은 천천히 고개를 들고 판사를 노려보았다.

"이 재판은 무효다. 너희는 정의를 모르는 자들이다!"

목소리가 법정을 갈랐다. 판사와 검사, 통역관이 잠시 말을 잃었다. 장진홍은 갑자기 주머니에서 돌멩이 하나를 꺼냈다. 재판정으로 오기 전에 형무소 뜰에서 미리 주워 넣었던 것이었다.

"이 돌이 너희의 양심을 깨우길 바란다!"

돌은 재판장 단상에 '쾅' 하고 부딪쳤다. 그 순간 헌병들이 자리에서 벌떡 일어섰다. 하지만 장진홍은 이미 몸을 비틀며 곁에 있던 의자를 움켜쥐고 있었다. 쇠사슬이 덜그럭거리며 바닥을 긁었다. 온 힘을 다해 의자를 들어 올렸다.

"이 부당한 법정을 뒤엎겠다!"

법정은 순식간에 아수라장이 되었다. 방청석의 일본인들이 비명을 질렀고, 헌병이 달려들어 양팔을 붙잡았다. 여럿이 겨우 제압할 수 있었다.

그의 눈빛은 여전히 불타올랐다. 쇠사슬이 몸을 묶었지만, 의지는 결코 묶을 수 없었다. 7월 21일, 고등법원에서 상고가 기각되면서 장진홍의 사형이 최종 확정되었다.

스스로를 해방하다

사형 확정된 1930년의 한여름, 장진홍은 축축한 감방의 희미한 등불 아래 방바닥에 종이를 펼쳤다. 그는 긴장된 손으로 펜을 잡았다. 검열관의 눈을 의식해 가슴속에 차오르는 말들을 다 쏟아낼 수는 없었다. 하지만 글씨 하나하나에 힘을 담았다. 아들에게 편지를 쓰고 있었다.

"이번에 폭풍우로 집이 날아가지 아니하였는지, 농사에 손해는 없었는지…… 생각할수록 걱정이 된다. 볼일 없이 자꾸 다니지 말고, 기차 타고 다닐 때는 더욱 조심하여라. 아비는 잘 지내고 있으니 조금도 걱정하지 말고, 어머니가 안심하도록 위로하여라."

장진홍은 굳이 무심한 듯한 어투를 사용했다. 형장의 이슬로 사라질 날이 다가오는 걸 알면서도, 그 불안과 두려움이

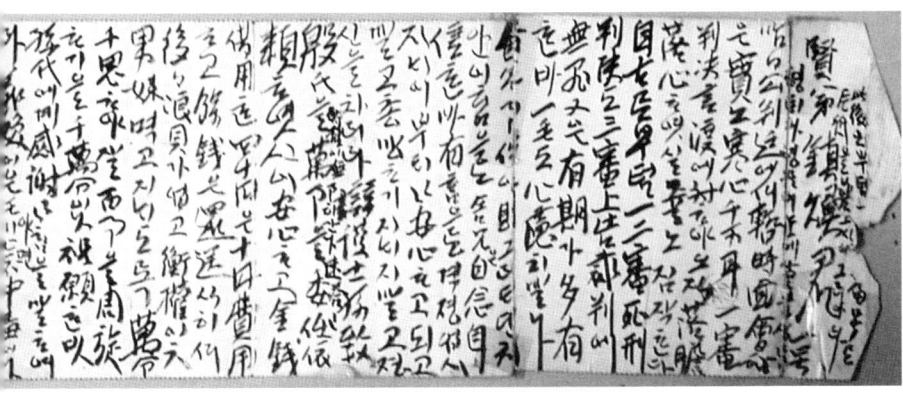

장진홍 의사의 편지 (사진제공: 독립기념관)

가족에게 전해지길 원치 않았다.

또 며칠이 흐른 뒤, 장진홍은 다시 펜을 들었다. 어린 자식들의 얼굴이 아른거렸다.

"내가 죽는다고 할지라도 너희들한테 별로 관계가 없으나, 만약 너희가 병이 나든지 또 죽든지 하면 집안도 무너질 뿐만 아니라, 할머니와 너희 6남매는 남의 눈엣가시가 된다. 꿋꿋하게 살아라. 부끄럽지 않게."

이 편지글은 아비로서의 명령이자 마지막 기도가 되었다. 자식들에게 자기의 죽음을 덤덤하게 받아들이라는 위장된 체념과 가족들이 세상의 눈총을 받지 않을까 하는 걱정, 그럼에도 떳떳하게 살길 바라는 사무치는 사랑의 표현이었다. 장진홍은 편지를 접으면서 한동안 두 손으로 얼굴을 감싸고 울음을 삼켰다.

그의 옥중편지 곳곳에는 검게 칠해진 검열의 흔적이 많았다. 독립운동과 관련된 이야기나 민감한 내용을 지운 흔적이었다.

장진홍이 독립투사로 가시밭길을 걷는 동안 아내와 자식들도 편할 날이 없었다. 수시로 일제 경찰들이 집을 드나들었다. 그래서 자주 여기저기로 옮겨 살아야만 했다.

그해 7월 말쯤 장진홍은 조선총독부 앞으로 한 통의 편지를 썼다. 펜 끝의 힘은 가족에게 보낼 때와 달리 날카롭고 굳셌다.

"너희 일본 제국이 우리나라를 독립시키지 않으면 머지않아 멸망할 게다. 내 육체는 네놈들의 손에 죽는다 하더라도, 나의 영혼은 우리의 독립과 일본 제국주의 타도를 위해 지하에 가서라도 싸우고야 말겠다."

이 편지는 한 개인으로서가 아니라 한 민족의 분노를 대변하는 성명서였다.

1930년 7월 30일. 늦은 밤 대구형무소 깜깜한 감방, 벽돌 틈새로 한 줄기 달빛조차 스며들지 않았다. 차가운 습기와 눅진한 곰팡내가 코를 찔렀다. 장진홍은 결의에 찬 눈빛으로 방 주변을 둘러보았다.

그는 이 순간을 오래 준비해 왔다. 바닥 한구석에서 작은 주머니를 꺼냈다. 잠이 오지 않는다며 처방받아, 오랫동안 모아온 수면제 뭉치였다. 수면제를 한 손에 모아쥐었다. 약 알갱이들이 마치 고향 강바닥의 모래알처럼 느껴졌다. 장진홍은 수면제를 천천히, 그러나 단호하게 입안에 털어 넣었다.

입안에서 쌉쌀한 약 냄새가 퍼졌다. 땅바닥에 몸을 눕히며, 천장을 바라봤다.

"내 죽음이…… 독립의 불씨가 되리라……."

의식이 희미해져 가는 가운데에도 이 말을 반복했다.

"내 죽음이 독립의 불씨로 살아나리라……."

그 목소리는 점점 낮아졌지만, 감방 벽을 넘어 하늘 끝까지 울려 퍼지는 듯했다.

눈꺼풀이 서서히 내려앉았다. 그의 숨이 멎는 순간, 감방 안의 공기마저 고요해졌다.

향년 35세.

육신은 형무소의 차가운 바닥 위에서 식어갔지만, 그의 정

장진홍 의사 순국기념비(칠곡군 왜관읍)

신은 조국의 산천과 민중의 가슴속에 불씨로 내려앉았다.

1930년 7월 31일, 대구형무소의 새벽 공기는 무겁게 가라앉아 있었다. 간수들의 발걸음이 복도를 바쁘게 오가며 무겁게 울렸다.

"장진홍이 어젯밤 숨을 거뒀다."

낮게 주고받는 그 말이, 철창 넘어 방방마다 메아리쳤다.

누군가 주먹을 움켜쥐며 이를 악물었다. 다른 이는 감방 벽을 내려치면서 고개를 떨궜다. 대구형무소의 재소자 1300여 명은 그 소식을 듣고 단식투쟁으로 항의했다. 장진홍의 투쟁은, 살아남은 자들의 심장 속에서 더 깊이 뿌리내렸다. 감방마다 철거덕거리는 그릇 소리가 멎었다. 아침 배식은 그대로 식은 밥으로 남았다.

한 재소자가 일어섰다.

"이 밥을, 장진홍 의사의 영전에 바친다. 우린 오늘부터 먹지 않겠다!"

그 목소리는 순식간에 파도처럼 번졌다. 복도의 반대편, 10호실, 21호실, 그리고 마지막 방까지.

"먹지 않는다!"

"그의 죽음에 침묵할 수 없다!"

재소자들이 한 끼, 두 끼를 굶으며 몸을 불태웠다. 굶주림이 찾아와도, 그들의 눈빛은 이글거렸다. 그 눈 속에는 분노와 슬픔, 그리고 결의가 타올랐다. 간수들이 위협했고, 형무소장은 협박했지만, 아무도 숟가락을 들지 않았다.

일제는 장진홍의 사인을 '뇌출혈'이라 발표했지만, 사람들은 진실을 알았다. 그가 일제의 손에 죽는 치욕을 거부하고 스스로를 해방시켰음을. 그의 죽음은 패배가 아니라, 마지막까지 선택권을 쥔 당당한 선언이었다.

유해는 장례식조차 일제의 감시를 받으며 칠곡 석적면 남율리 언덕에 쓸쓸히 묻혔다. 장진홍의 부모님은 비보를 듣고 얼마 후 충격 속에 세상을 떠났다.

그로부터 10년 뒤인 1940년 7월,
잡지 《인문평론》에 실린 이육사의 「교목(喬木)」이라는 시 한 편이, 사람들 마음속에서 장진홍의 모습을 다시 불러냈다.

푸른 하늘에 닿을 듯이
세월에 불타고 우뚝 남아 서서
차라리 봄도 꽃피진 말아라.

낡은 거미집 휘두르고
끝없는 꿈길에 혼자 설레이는
마음은 아예 뉘우침이 아니라.

검은 그림자 쓸쓸하면
마침내 호수 속 깊이 거꾸러져
차마 바람도 흔들진 못해라.

* **곽종석**(郭鍾錫, 1846. 6.~1919. 8.): 경남 산청군 단성면 사월리 초포마을에서 아버지 곽원조와 어머니 해주 정씨 사이 2남 5녀 중 차남으로 태어났다. 자는 명원(鳴遠), 호는 회와(晦窩)·면우(俛宇). 1895년 10월 8일 명성황후 시해와 단발령 공포 이후 이듬해 3월 이승희 등과 일본의 죄상을 규탄하는 「포고천하문(布告天下文)」을 서양 공사관에 전달하였다. 을사오적 참수와 을사늑약 폐기, 국제사회의 협조를 주장하는 상소를 올렸다. 1907년 국채보상운동 때 토지를 팔아 서울사무소로 보냈다.

1919년 74세의 나이로 유교계 독립 청원 운동인 파리장서운동에 앞장섰다. 이 일로 대구형무소에 투옥되고 그해 5월 20일 징역 2년 형을 받았다. 항소를 거절하고 7월 19일 중병으로 형 집행이 정지되어 출옥했으나 그해 10월 17일 옥고의 후유증으로 사망했다. 사후 6년 뒤인 1925년 문도들에 의해 『면우집(俛宇集)』이 편찬되었다. 정부는 1963년 건국훈장 독립장을 추서하였다.

* **강순필**(姜順必, 1884~1921): 상주 이안면 소암리에서 태어났다. 본관은 진주(晉州), 자는 영숙(泳叔), 호는 신암(信菴). 을사늑약 체결과 1907년 한일신협약(정미7조약) 체결 이후 군대가 해산되자 의병이 되었다. 경북 문경 출신 의병장 이강년(李康年) 휘하에서 강원·경북·충청도 산악지대에서 활약하였다. 1913년 12월 풍기 광복단이 결성될 때와 1915년 음력 7월 15일 대구 달성공원에서 조직된 대한광복회에 동참하였다.

1917년 11월 10일 채기중·유창순·임봉주 등 풍기 광복단 출신과 함께 칠곡의 친일 부호 장승원을 처단했다. 이후 안동 부호 안승국 등으로부터 군자금을 모금하는 활동을 계속하다가 1918년 초 일제 경찰에 검거되었다. 1919년 2월 공주지방법원에서 32명의 동지와 함께 공판에 회부되어 사형을 선고받고, 서울 서대문형무소에서 형 집행으로 순국하였다. 정부는 1963년 건국훈장 독립장을 추서하였다.

* **김기용**(金基用, 1883. 5.~1938. 7.): 1883년 5월 13일 경

북 청송군 현동면 오사리에서 태어났다. 본관은 김녕(金寧), 자는 명숙(明淑)·사실(士實), 호는 능백(能伯). 1919년 청송 현서면 화목시장 만세시위에 참여하였다. 영천에서 여인숙과 어물전을 운영하다 1928년 1월 장진홍과 만나 영천경찰서 폭파 의거를 추진하였다. 1929년 장진홍 체포 이후 일제의 공작에 넘어가 체포되었다.

1930년 2월 17일 대구지방법원에서 징역 5년 형을 선고받았다. 그해 여름 장진홍이 옥중자결하자 형무소장 면담을 요구하고, 감방문을 부숴 수감자들과 만세를 불렀다. 1935년 12월에 출옥 후 고초를 당하다가 1938년 7월 순국하였다. 2002년 11월 영천항일운동 선양사업회가 서부동 마현산에 추모비를 건립하였다. 정부는 1990년 건국훈장 애국장(1980년 건국포장)을 추서하였다.

* **김규식**(金奎植, 1881. 1.~1950. 12.): 부산 동래에서 아버지 김지성(金智性)과 어머니 경주 이씨의 셋째 아들로 태어났다. 본관은 청풍(淸風), 호는 우사(尤史)·죽적(竹笛)·만호(晩湖)·서호(西湖) 등이다. 1903년 6월 미국 로어노크대학을 졸업하고, 프린스턴대학교 대학원에서 영문학 석사학위를 받았다. 1918년 11월 28일 신한청년당

한국대표단 수석대표로 임명되었다. 1919년 5월 12일 독립에 관한 청원서와 독립 항고서(抗告書)를 파리강화회의에 제출하였다.

광복 이후 신탁통치 결정에 반대하는 반탁운동에 나섰다. 여운형과 함께 좌우 합작 운동에 앞장섰다. 6·25전쟁 때 서울에 있다가 북한군에 납치되어 끌려갔다. 그해 12월 10일 평안북도 만포진 부근 별오동에서 사망하였다. 정부는 1989년 건국훈장 대한민국장을 추서하였다.

* **김복한**(金福漢, 1860. 7.~1924. 3.): 충남 홍성군 갈산면 소향리 조실에서 부친 김봉진(金鳳鎭)과 모친 연안 이씨 사이에 장남으로 태어났다. 본관은 안동, 자는 원오(元吾), 호는 지산(志山). 1636년 병자호란 때 끝까지 저항하다 스스로 생을 마감한 문충공 김상용(金尙容)의 12대손이다. 병자호란 때 주전론을 주창한 척화파의 거두 청음(淸陰) 김상헌이 김상용의 친동생이다.

김복한은 1894년 3월 일제의 침략이 노골화되자 관직을 버리고 낙향하였다. 을미사변과 단발령 공포 때 홍주와 청양의 선비들을 규합하여 의병을 일으켰다. 이 때문에 수차례 감옥을 오갔다. 3·1운동 이후 호서 지역 선비 17

명과 독자적인 파리장서운동을 벌이다 영남 유생들의 장
서 운동과 내용이 비슷함을 알고 이들과 연합하였다. 이
일로 공주 감옥에 갇혔다가 출옥한 뒤 후학을 지도하였
다. 저술로 『지산집(志山集)』이 있다. 정부는 1963년 건
국훈장 독립장을 추서하였다.

* **김상옥**(金相玉, 1889. 1.~1923. 1.): 서울 종로구 효제동
에서 부친 김해 김씨 안경공(安敬公) 영정파(永貞派)인
김귀현(金貴鉉)과 모친 경주 김씨의 3남 1녀 중 2남이다.
1913년 풍기에서 광복회가 결성될 때 참여하였다. 3·1
운동 때 철물점 문을 닫고 직원들에게 직접 제작한 태극
기를 주어 만세시위에 참여시키고, 자신도 탑골공원 독
립선언식에 참여하였다. 1920년 5월 총독부 고관과 친일
파들을 처단하는 암살단을 조직하였다. 1923년 1월 12일
밤, 폭탄을 던져 종로경찰서를 폭파하였다. 이 일로 열흘
에 걸쳐 일제 경찰 수천 명과 쫓고 쫓기는 총격전을 벌여
일제 경찰 16명을 사상케 했다.
마지막 남은 한 발로 스스로 목숨을 끊었다. 향년 34세
때였다. 정부가 수립된 후인 1948년 10월 6일 김상옥 열
사 기념사업협회가 창립되었다. 정부는 1962년 건국훈장

대통령장을 추서하였다. 1998년 5월 서울 대학로 마로니에 공원에 김상옥 의사 동상이 건립되었다. 서울시는 2010년 7월 인의동 101-8 종묘 동쪽 창경궁로 접점에서 종로 6가 28-1 율곡로 동대문 방향 접점 도로를 김상옥로(路)로 명명하였다.

* **김익상**(金益相, 1895. 6.~1941. 8.): 경기도 고양군 용강면 공덕리(현 서울 마포구 공덕동)에서 3형제 중 둘째로 태어났다. 호는 추산(秋山), 본명은 김봉남(金鳳男)으로 알려져 있다. 중국에서 김원봉을 만나 의열단에 가입하였다. 1921년 9월 김원봉으로부터 폭탄과 권총을 건네받고 귀국하여 전기공으로 위장, 남산 조선총독부 청사에 들어가 폭탄을 던졌다. 의거 직후 9월 17일에 베이징에 도착하였다.

1922년 3월 상하이에서 일본 육군 대장 다나카 기이치를 폭탄으로 제거하려다 피신 중 붙잡혀 상하이 총영사관 감옥에 수감되었다. 1922년 9월 무기징역을 선고받았다. 1936년 8월 2일 15년 만에 출옥하여 귀국하였다. 그 후 다시 일제 고등경찰에 연행되고 나서 소식이 끊겼다. 독립운동 지사 이강훈은 그가 1942년경 용산경찰서 연행

중 한강에 투신했다고 하였다. 정부는 1962년 건국훈장 대통령장을 추서하였다.

* **김원봉**(金元鳳, 1898. 9.~1958. 11.): 경남 밀양 내이리 901번지에서 아버지 김주익(金周益)과 어머니 이경념 (李京念) 사이에서 태어났다. 김해 김씨 경파(京派) 73세 손이다. 호는 약산(若山). 1919년 11월 9일 길림성에서 의열단을 조직하고 무정부주의적 항일 투쟁 활동을 벌였 다. 그는 '천하에 정의로운 일을 맹렬히 실행하기로 한 다. 조선의 독립과 세계 만인의 평등을 위하여 신명을 바 쳐 희생하기로 한다. 죽음을 피하지 아니하여 단의(團意) 에 뜻을 다한다.'는 등의 의열단 공약 10조를 발표하였 다. 제거 대상으로 조선총독부 총독 이하 고관, 조선의 일본군 주둔군 수뇌, 매국 친일파 거두, 적의 밀정, 반민 족적 대지주를 꼽았다. 부산경찰서, 종로경찰서 등의 폭 탄 의거를 주도하였다.

1945년 12월 3일 임시정부 요인들과 함께 제2진으로 귀 국하였다. 1945년 9월 8일 여운형 등이 중심이 된 조선인 민공화국 군사부장으로 선임되었다. 1947년 7월 좌우합 작운동을 주도했던 여운형이 암살되자 좌익 계열 신문에

멈추지 않는 강물처럼

'여운형의 유지를 받들어 미소 공위를 성공시키자' 고 호
소하는 글을 실었다. 1948년 4월 남북협상 때 김구, 김규
식 등과 함께 남한측 정치단체 대표로 협상에 참여했다
가 북한에 남았다. 1958년 10월 최고인민회의 상무위원
부위원장직에서 해임되었다. 이후의 생애에 대해서는 알
려진 바 없다. 경남 밀양에 의열기념관이 있다.

* **김정묵**(金正默, 1888. 12.~1944. 4.): 현재의 경북 구미시
고아읍 원평동에서 태어났다. 아버지 김수동(金洙東)과
어머니 조남운(趙南運) 사이 3형제 중 장남이다. 자는 국
빈(國賓), 호는 해산(海山). 성주 출신 이승희가 북만주
밀산(密山) 한흥동(韓興洞)에서 활동할 때 그를 도왔다.
1914년경 북경법정전문학교 법률과에 입학, 1918년에
졸업하였다. 1918년 4월경 봉천(奉天, 현재의 심양)에서
장진홍, 이국필과 함께 하바롭스크로 이동하여 군사 훈
련을 하자고 결의하였다.
1919년 4월 11일 대한민국 임시정부 수립 때 대한민국
임시의정원 의원으로 활동하였다. 1921년 1월 베이징에
서 신채호·김창숙과 함께 『천고(天鼓)』를 발간, 항일무
장투쟁의 필요성을 역설하였다. 1925년 의열단과 관계하

며, 김창숙이 주도한 제2차 유림단 의거를 후원하였다. 1924년 2월에는 만주에서 독립신문 길림지국장을 맡았다. 1926년에는 하얼빈에서 의열단 활동을 지원하며 일제 요인 암살과 일제 기관 폭파 계획에 참여하였다. 베이징에서 독립운동 중 1939년 7월 18일 일제 경찰에게 붙잡혀 함경북도 경찰부로 호송되어 옥고를 치렀다. 베이징에 머물던 중 1944년 4월 19일 57세로 사망하였다. 정부는 1991년 건국훈장 애국장(1963년 대통령 표창)을 추서하였다.

* **김한종**(金漢鍾, 1883. 1.~1921. 8.): 충남 예산군 광시면 신흥리에서 아버지 김재정(金在貞)의 외아들로 태어났다. 본관은 김녕(金寧), 자는 경수(敬受), 호는 일우(一宇). 1917년 7월 27일 광복회에 가입하였다. 경주 박상진의 자택에 모여서 채기중, 우재룡과 함께 군자금 확보를 결의하였다. 그는 광복회 부사령으로 친일 부호 장승원을 처단하라고 명령하였다.

충남 아산의 친일 도고면장인 박용하 처단을 명령한 혐의로 광복회 회원 27명과 함께 붙잡혔다. 1920년 11월 4일 사형이 확정되어 이듬해 8월 11일 박상진과 함께 대구 감옥에서 사형이 집행되어 순국했다. 정부는 1963년 건국훈장 독립장을 추서하였다.

* **김창숙**(金昌淑, 1879. 7.~1962. 5.): 경북 성주군 대가면 칠봉리에서 아버지 하강(下岡) 김호림(金護林)과 어머니 인동 장씨 사이에서 1남 4녀 중 외아들로 태어났다. 본관은 의성(義城), 자는 문좌(文佐), 호는 직강(直岡)·심산(心山), 별호(別號)는 벽옹(躄翁). 조선 중엽의 명현 동강(東岡) 김우옹(金宇顒)의 13대 종손이다. 성격이 대쪽 같은 이승희를 각별하게 따랐다. 을사오적의 처단과 조약 폐기를 주장하는 '청주적신벌늑약소(請誅賊臣罰勒約疏)'를 올렸다. 1908년 구습 타파와 신분 계급 철폐를 주장하며 국권 회복을 외치다 수구 유생들과 대립하였다. 3·1독립선언서에 유림 대표가 빠졌다는 사실에 크게 실망하고, 파리장서운동에 주도적 역할을 하였다. 1·2차 유림단 의거를 주도하고 의열단을 지원하였다.

1928년 11월 28일 나석주 의거의 주모자로 지목되어 징역 14년을 선고받았다. 1934년 9월 형집행정지로 출옥하였다. 광복 후 반신탁통치, 반분단, 반독재 투쟁을 하였다. 1946년 5월 성균관대학을 설립하여 초대 학장을 맡왔다. 1951년에는 '이승만 대통령 하야 경고문사건'으로, 1952년에는 부산에서 '반독재 호헌 구국 선언대회'를 주도하다 각각 투옥되었다. 이승만 독재에 항거하다 1957년 유도회, 성균관, 대학 총장에서 추방되었다. 정해진 거처도 없이 전전하다가 1962년 5월 10일 서울 중앙의료원에서 사망하였다. 사회장으로 장례가 치러지고 서울 성북구 수유리 선열 묘지에 안장되었다. 저술로 『심산유고(心山遺稿)』가 있다. 정부는 1962년 건국훈장 대한민국장을 추서하였다.

* **남형우**(南亨祐, 1875. 7.~1943. 3.): 현재의 경북 고령군 대가야읍 내상리에서 태어났다. 본관은 의령(宜寧), 호는 수석(瘦石). 1908년 보성전문학교 법과에 입학하였고, 이듬해 대동청년단에 가입하였다. 1911년부터 1917년까지 보성전문학교 법률학 교수로 학생들을 가르쳤다. 1915년 2월 달성에서 조직된 조선국권회복단 중앙총부에 가입하였고, 3월에는 이우용·최남선 등과 조선산직장려계(朝鮮産織獎勵稧)를 결성하였다. 1919년 만세운동이 일어나자, 경남 창원 등지에서 만세시위를 주도했다. 그해 3월 17일 블라디보스토크로 망명하였다.

임시정부 법무차장, 법무총장, 교통총장을 역임하였다. 1920년 말 무장투쟁을 주장하는 신(新)대한동맹단 단장에 선임되었다. 1923년 3월 하순 김동삼·신채호·배천택·김창숙 등과 국민당을 조직하였다. 1928년 가족과 함께 하얼빈으로 이주하여 사설 학교를 운영하였다. 1931년 고향으로 돌아와 요양하다 1943년 3월 13일 생을 마감하였다. 정부는 1983년 건국포장을 추서하였다.

* **나석주**(羅錫疇, 1892. 2.~1926. 12.): 황해도 재령군 북율면 진초리에서 아버지 나병헌(羅秉憲)과 어머니 김해 김씨 사이에서 1남 2녀의 외아들로 태어났다. 본관은 나주(羅州). 1913년 처자와 함께 만주 모아산(帽兒山)으로 가서 이동휘가 세운 나자구(羅子溝) 무관학교에 입학, 8개월 동안 군사훈련을 받았다. 1915년 모친이 위독하다는 연락을 받고 고향으로 돌아갔으나 경작하던 논밭이 동양척식주식회사(일명 동척회사)에 빼앗겼다. 1919년 3월 10일 내종리 장터에서 만세운동을 주도하였다. 1920년 1월 의열투쟁 조직을 결성하고 그해 4월 친일파인 황해도 은율군수를 처단하였다. 검거망을 피해 상하이로 가서 김구의 경호를 맡았다. 김구는 『백범일지』에서 그를 "친

하게 믿는 지사요 제자"로 표현하였다.

그는 김창숙으로부터 김구가 보낸 편지를 받고, 1926년 5월 홀로 동척회사와 조선식산은행을 폭파하기로 하였다. 그해 12월 28일 오후 유서 3통을 남기고 남대문로와 을지로 2가에 있는 식산은행에 폭탄을 던졌다. 폭탄이 터지지 않자 곧바로 동척회사 경성지점으로 가서 다카키 기자와 오모리 차석 등을 권총으로 쏘고 폭탄을 투척하였다. 폭탄은 불발되고 일제 경찰이 추격하자 권총으로 자결하였다. 보도 통제 2주가 지난 뒤 동아일보가 1927년 1월 14일 '동척(東拓)과 식은(殖銀)에 폭탄을 투척, 권총으로 일거에 7명 저격'이라는 호외를 발행하면서 의거가 세상에 알려졌다. 1999년 11월 거사 장소인 서울 중구에 나석주 열사의 동상이 세워졌다. 정부는 1962년 건국훈장 대통령장을 추서하였다.

* **박상진**(朴尙鎭, 1884. 12.~1921. 8.): 현재의 경남 울산시 북구 송정동에서 아버지 박시규(朴時奎)와 여강 이씨의 장남으로 태어났다. 본관은 밀양(密陽), 자(字)는 기백(璣伯), 호는 고헌(固軒). 백부 박시룡(朴時龍)에게 입양되어 1887년 경북 경주 외동면 녹동리로 이사하여 양부

모 집에서 성장하였다. 허위(許蔿) 문하에서 수학하였다. 1905년 2월 양정의숙(養正義塾) 법률과에서 신학문을 공부하였다. 1906년 의병장 신돌석, 1907년 김좌진과 각각 의형제를 맺었다. 1910년 평양법원 판사로 임명되었으나 한일합방이 되자 사임하고, 신민회에 참여하였다. 1911년 만주와 연해주의 이상룡·김동삼·이시영 등과 교류하였다.

1912년 만주에서 귀국하여 대구 서문로에서 곡물상 상덕태상회(尙德泰商會)를 설립하고 독립운동 연락 본부로 삼았다. 1913년 채기중을 만났고, 1915년 7월 15일 이들과 대한광복회를 결성, 사령관 겸 본부회장을 맡았다. 같은 해 11월 17일 경주 광명리에서 일본인이 불법 징수하여 마차로 운송하던 세금 8700원을 우재룡과 권영만이 습격하여 탈취한 경북 우편마차 습격을 지휘하였다. 친일 부호 장승원 암살과 도고면장 박용하 암살 배후로 지목되어 체포되었다. 1921년 8월 11일 대구 감옥에서 형 집행으로 순국하였다. 정부는 1963년 건국훈장 독립장을 추서하였다.

* **배천택**(裵天澤, 1892. 9.~1942. 10.): 대구 중구 인교동에

서 태어났다. 그는 2년 과정의 경성공업전습소(현, 서울
대학교 공과대학) 응용화학과에 1911년 제5회로 입학하
여 1912년 12월에 졸업하였다. 1916년 중국 베이징 공업
대학을 다니다가 중퇴하였다. 대동청년당에 가담하여 활
동하였다. 1923년 1월 상하이에서 개최된 국민대표회의
에 김동삼·이진산과 함께 서로군정서 대표로 참석하여
비서장으로 선출되었다. 1924년 4월 북경한교동지회를
조직하여 실행위원이 되었다.

1925년 초 이정기에게 폭탄 제조법을 가르쳐주었다.
1925년 4월 4일 밀정·반적(叛賊)·광견배(狂犬輩) 처단
을 수행할 비밀결사 다물단(多勿團)을 조직하였다. 1927
년 11월 상하이에서 한국독립당 관내촉성회연합회(關內
促成會聯合會)가 결성될 때 북경 촉성회 대표로 파견되
어 집행위원으로 선출되었고, 5인 상무위원 중 한 사람
이 되었다. 1935년 7월 난징에서 상하이 한국독립당, 신
한독립당, 조선혁명당, 의열단, 미주 대한독립당 등 9개
정당·단체를 통합한 민족혁명당이 성립할 때 동참하였
다. 정부는 1991년 건국훈장 애국장(1963년 대통령 표
창)을 추서하였다.

* 박열(朴烈, 1902. 3.~1974. 1.): 현재의 경북 문경시 모전 동에서 부친 박지수(朴芝洙)와 모친 정선동(鄭仙洞)의 1 녀 3남 중 막내로 태어났다. 본관은 함양(咸陽). 호적에 는 박준식(朴準植)으로 되어 있다. 1919년 10월경 일본 에 들어가 활동하다 가네코 후미코를 만나 동거에 들어 갔다. 1922년 12월 아나키스트들과 함께 흑우회(黑友會) 를 조직하고, 《민중운동》이라는 항일 잡지를 발행하였 다. 그가 조직한 독립운동 단체인 불령사(不逞社) 회원 최영환을 통해 중국 한인의열단체인 다물단(多勿團)으 로부터 폭탄을 건네받았다. 이 폭탄으로 1923년 10월 중 예정된 일본 히로히토 태자의 결혼식에 투척할 계획이었 다. 그해 9월 3일 도쿄 대지진 이후 가네코 후미코와 함 께 경찰에 체포되어, 일왕 폭살을 위해 폭탄을 구입했다 고 밝혔다.

공판 때 조선의 사대 관모와 관복을 입고 법정에 출두해 반말투로 일왕의 죄상을 밝혔다. 옥중에서 '나의 선언' 등 4편의 글을 낭독하는 법정투쟁을 벌였다. 1926년 3월 25일 가네코 후미코와 함께 사형을 선고받았다. 1945년 10월 44세 때 22년 만에 석방되었다. 광복 후 재일 조선 거류민단 초대 단장을 역임하였다. 1946년 5월 백범 김구의 부탁을 받고 윤봉길·이봉창·백정기 의사 등 3열사의 유해 고국 송환 책임을 맡았다. 이어 『신조선혁명론』을 발간하였다. 대한민국 정부 수립 후 장학사업을 폈다. 6·25 때 납북되었다. 납북 이후 1956년 재북평화통일촉진협의회에 참여하였다. 1974년 1월 17일 73세로 평양에서 사망하였다. 정부는 1989년 건국훈장 대통령장을 추서하였다.

* **박재혁**(朴載赫, 1895. 5.~1921. 5.): 부산 동구 범일동에서 출생하였다. 그는 경북 왜관에서 무역상으로 근무하면서 자금을 모아 상하이로 건너갔다. 국외에서 독립운동가들과 교류하면서 의열단에 가입하였다. 의열단장 김원봉은 그에게 부산경찰서 폭파를 권유하였다. 1920년 9월 14일, 고서(古書) 상인으로 가장하고 부산경찰서 서장 하시모토 슈헤이에게 폭탄을 투척해 죽게 하였다.
중상을 입은 박재혁은 현장에서 붙잡혀 대구형무소에서 혹독한 고문을 받았다. 그는 단식으로 형 집행 전에 순국하였다. 정부는 1962년 건국훈장 독립장을 추서하였다. 2012년 7월 14일 부산 동구청은 그의 생가가 있는 조방로 630m 구간을 '박재혁 거리'로 명명하였다.

* **송영호**(宋永祜, 1903. 7.~1968. 8.): 경북 영주 장수면 호문리에서 아버지 송인상(宋仁相)과 어머니 하회 유씨의 2남 중 장남으로 태어났다. 제2차 유림단 의거에 참여하여 군자금 모집 활동을 하였다. 1925년 9월 25일 김창숙을 만나 군자금 모집에 필요한 활동 비용 일체를 부담하기로 하고, 고향 영주의 토지를 팔아 총 1700원을 제공하였다.

1925년 10월 19일 경성부 낙원동 134번지에서 김창숙 등과 신건동맹단을 조직하고, 부호들에게 강제로 군자금을 모집하였다. 1926년 4월 17일 고향 장수면 호문리 뒷산에 숨어있다가 붙잡혔다. 1927년 3월 29일 대구지방법원에서 징역 3년을 받고 옥고를 겪었다. 정부는 1990년 건국훈장 애족장(1977년 대통령 표창)을 추서하였다.

* **송준필**(宋浚弼, 1869. 10.~1944. 8.): 현재의 경북 성주군 초전면 고산리에서 아버지 송기선(宋祺善)과 어머니 영천 최씨 사이에서 차남으로 태어났다. 본관은 야성(冶城), 자는 순좌(舜佐), 호는 공산(恭山)이다. 1886년 조선 말기의 거유(巨儒)인 사미헌(四未軒) 장복추(張福樞)의 문인이 되었다. 1898년에는 안동의 거유 서산(西山) 김

홍락(金興洛) 문하에 들었다. 그의 문도가 수백 명에 달하였다. 1919년 3월 파리장서운동에 참여하였다.

1919년 4월 5일 성주 만세시위 여파로 일제 경찰에 붙잡혔다. 그해 5월 20일 대구지방법원에서 징역 1년 6월을 선고받았다가 항소하여 풀려났다. 이후 경북 김천 황학산 기슭 부곡동에서 은거하며 후학 지도에 열중하였으며 1944년 8월 28일 사망하였다. 후학들이 원계서원(遠溪書院)을 지었다. 정부는 1990년 건국훈장 애족장(1963년 대통령 표창)을 추서하였다.

* **이내성**(李乃成, 1893. 4.~1927. 12.): 경북 칠곡군 인동면 진평동(현, 구미시 진평동)에서 이성률(李成律)의 5남으로 태어났다. 부친 이성률은 칠곡의 구제동교회를 설립한 장본인이다. 본관은 경주(慶州). 대구 계성학교에서 수학하였으며, 조선보병대에 제대 후 광복단에 가입하였다. 1919년 3월 12일부터 14일까지 고향 진평동에서 진평교회 목사 이상백 등과 만세시위를 주도하였다. 계성학교에 다니던 매부 이영식이 3월 7일 독립선언서 20장을 가지고 와서 전국의 독립만세 소식을 알린 데 힘입어 주민 200여 명과 함께 이 만세시위를 이끌었다.

이 일로 일제 경찰에 붙잡혀 4월 25일 징역 1년 6월을 받았다. 1920년 4월 27일 풀려났다. 1927년 3월 경산 읍내 시장 내 여인숙에서 폭탄전문가 호리키리 시게사부로를 장진홍에게 소개했다. 이들은 함께 조선은행 대구지점 등을 폭파하기로 하였다. 조선은행 폭파 의거 이후 일제 경찰의 수색을 피해 은신하던 중 1927년 12월 13일 음독 자결하였다. 정부는 1990년 건국훈장 애국장(1982년 건국포장)을 추서하였다.

* **이동휘**(李東輝, 1873. 6.~1935. 1.): 함남 단천군 파도면 대성리에서 빈농 이승교(李承橋)의 아들로 태어났다. 본관은 하빈(河濱), 호는 성재(誠齋), 모산(茅山), 이광(李光) 등이다. 단천군수의 심부름을 하다가 군수 이계선이 생일잔치 날 어린 기생을 학대하는 데 열을 받아 동헌 화로를 뒤엎고 도주하였다. 대한자강회, 서북학회, 신민회에서 애국계몽운동 전개했다. 간민회, 권업회, 광복단, 대한광복군정부 등 비밀 항일조직에 참여하여 활동하였다. 1918년 5월 13일 최초의 한인 사회주의 정당인 한인사회당을 창당했다. 그해 6월 일본 등 연합국의 무력 개입으로 러시아에 백위파 정권이 들어서자 100여 명으로 구성된

한인적위대는 러시아 적위파군과 함께 우수리강 인근 하바롭스크 전투에 참가하였다. 대한민국 임시정부 국무총리, 조선공산당 창설 및 대중적 사회주의 운동을 전개하였다. 정부는 1995년 건국훈장 대통령장을 추서하였다.

* 이두훈(李斗勳, 1856. 3.~1918. 3.): 경북 고령군 본관리 성산 이씨 집성촌에서 태어났다. 본관은 성산(星山), 자는 대형(大衡), 호는 홍와(弘窩). 1875년 성주의 대표적인 유학자 이진상 문하에서 수학하였다. 한주학파의 주요 선비인 주문팔현(洲門八賢) 중 한 명이다. 1895년 명성황후 시해와 단발령 이듬해인 2월 동문수학하던 곽종석·윤주하·이승희 등과 상경하여 을미사변을 성토하고 단발령 철회를 요구하는 상소문을 올렸다. 이어 동문들과 일제의 침략을 규탄하는 포고천하문을 미국·러시아·영국·프랑스 등의 공사관에 보냈다.

고령 내산리에 내산서당(乃山書堂)을 열고 후학 양성과 저술 활동에 힘썼다. 을사늑약이 체결되자 이승희·장석영 등과 청주적신파늑약소(請誅賊臣罷勒疏)를 올렸다. 국채보상운동 때 고령에서 단연상채회(斷煙償債會)를 조직하여 의연금 모금 활동을 주도하였다. 만년에는 『동화세기(東華世紀)』를 지어 자주적 입장에서 단군부터 조선시대까지의 역사를 정리하였다. 『고령지(高靈誌)』를 저술하는 등 학문과 교육에 힘썼다. 정부는 2015년 건국포장을 추서하였다.

* **이상백**(李相栢, 1886. 8.~1965. 9.): 경북 칠곡군 인동면 진평동(현 구미시 진평동)에서 태어났다. 1919년 당시 진평교회 목사였다. 그해 봄 칠곡 인동면 진평동 만세시위를 주도하였다. 출동한 일제 경찰에 의해 관련자 33명이 함께 체포되었다. 그해 4월 25일 22명이 재판에 회부되어 징역 2년을 선고받았다. 같은 해 6월 징역 1년 6월로 감형받고 옥고를 치렀다. 정부는 1990년 건국훈장 애족장(1977년 대통령 표창)을 추서하였다.

* **이승희**(李承熙, 1847. 2.~1916. 2.): 경북 성주군 월항면 대포리에서 아버지 한주(寒洲) 이진상(李震相)과 어머니 홍양 이씨(興陽李氏)의 외아들로 태어났다. 본관은 성산(星山), 자는 계도(啓道), 호는 강재(剛齋), 대계(大溪). 블라디보스토크로 건너간 뒤 1909년 겨울부터 호를 한계(韓溪)로, 이름을 대하(大夏)로 고쳤다. 스스로가 "남

들이 너무 강경하다고 꺼리는 사람이 많았다."고 할 정
도로 성품이 강직하였다. 회연서원(檜淵書院)에서 심경
(心經)을 강론하였다. 1882년 임오군란을 보고 벼슬을
포기하고 학문에 전념하였다. 을미사변과 단발령 때 곽
종석 등과 일본을 규탄하는 이토일본국사통고천하각국
공관문(以討日本國事通告天下各國公館文)을 각국 공사
관에 보냈다. 을사오적 참수와 조약 파기를 주장하는 청
주적신파늑약소(請誅賊臣罷勒約疏)를 올렸다.

이로 인해 1905년 12월 25일 구속되어 문초를 받았으나
"선비는 죽일 수 있어도 욕보일 수는 없다."며 뜻을 굽히
지 않았다. 1909년 여름 블라디보스토크에서 이상설을
만나 중국 미산부(密山府) 봉밀산(蜂蜜山)을 개척하였
다. 이곳으로 100여 가구 한인을 이주시키고 마을 이름
을 한흥동(韓興洞)이라고 하였다. 여기에 한민학교(韓民
學校)를 세워, 『동국사략(東國史略)』을 지어 가르쳤다.
1913년 단둥현(丹東縣)으로, 1914년 6월 다시 봉천(奉天,
심양)으로 옮겨 부인 및 장손과 함께 생활하였다. 1916년
3월 30일 새벽 70세로 사망하였다. 유해는 성주로 운구
되어 5월 29일 사림장(士林葬)으로 치러졌다. 저술로는
『한계유고(韓溪遺稿)』 등이 있다. 정부는 1977년 건국훈

장 대통령장을 추서하였다.

* **이영식**(李永植, 1897. 12.~1981. 12.): 경북 성주에서 태어났다. 본관은 성산(星山), 호는 성산(惺山) 또는 청산유수(靑山流水). 대구 계성학교 재학 중, 이만집의 지휘 아래 1919년 3월 8일 대구 서문시장 밖에서 열린 만세시위에 앞장섰다. 같은 달 12일 이상백과 칠곡군 인동면의 만세시위를 주도하였다. 그해 4월 동료들과 규합하여 대구의 상인들에게 동맹 폐점을 결의하고 대구경찰서장 하쿠이 기사부로, 친일파 박중양·박응훈을 꾸짖는 동정표시경고문(同情表示警告文)을 배포하였다.
이후 일제 경찰에 체포되어 1921년 6월 24일 징역 1년 6월의 실형을 받았다. 1926년 일본의 고베신학교에 유학하여 목사가 되었다. 귀국 후에는 대구 서문교회를 거쳐, 1941년 9월에서 1942년 말까지 만주국 간도성 명월구의 제일교회에서 시무하였다. 해방 후 나환자교회, 대구맹아학원, 한국사회사업대학(현, 대구대학교) 등을 설립하여 특수교육 분야에 헌신하였다. 정부는 1990년 건국훈장 애국장(1977년 건국포장)을 추서하였다.

* **이원록**(李源祿, 1904. 4.~1944. 1.): 경북 안동 도산면 원천리에서 퇴계 이황의 13대손인 이가호(李家鎬)와 의병장 허위의 사촌이자 독립운동가 허형(許蘅)의 딸 허길(許吉) 사이 6형제 가운데 둘째로 태어났다. 본관은 진성(眞城), 다른 이름으로 이활(李活), 이육사(二六四·李肉瀉·李陸史·李戮史)이다. 형은 독립운동가 이원기(李源祺), 동생은 서예가 이원일(李源一), 평론가이자 항일 투사 이원조(李源朝) 등이다. 1919년 대구 남산동에서 서병오(徐丙五)에게 그림을 배웠다. 1926년 10월 18일 장진홍의 조선은행 대구지점 폭파 의거 때 형제들과 일제 경찰에 붙잡혀 갔다. 1929년 12월 27일 총 2년 2개월의 억울한 옥살이 끝에 무혐의로 풀려났다.

1930년 1월 10일 대구청년동맹 간부로 붙잡혔다가 풀려났다. 3월 6일 중외일보 대구지국 기자로 다시 잡혔다가 풀려났다. 그해 10월 잡지《별건곤(別乾坤)》에 '대구사회단체개관'을 발표, 지역 사회운동단체들의 분발을 촉구하였다. 1931년 1월 21일 '대구격문사건' 주모자로 지목되어 붙잡혔다가 3월 23일 풀려났다. 1932년 10월 20일 난징의 조선혁명군사정치간부학교 1기생으로 입교하였다. 권총 명사수였다. 1943년 7월 모친과 맏형 1주기

제사를 위해 귀국하였다가 그해 가을 서울에서 붙잡혀 베이징 일본영사관 감옥에 갇혔다. 1944년 1월 16일 새벽 5시 감옥에서 사망하였다. 정부는 1990년 건국훈장 애국장을 추서하였다.

* **이위종**(李瑋鍾, 1884. 1.~미상): 서울에서 아버지 이범진 (李範晉)과 어머니 풍양 조씨 사이에서 2남으로 태어났다. 본관은 전주(全州), 러시아 이름은 이 블라디미르 세르게예비치이다. 부친 이범진은 미국, 러시아 등지에서 외교로 독립운동을 하다가 대한제국이 망하자 자결한 애국지사였다. 이위종은 1907년 6월 15일 네덜란드 헤이그 제2회 만국평화회의에 고종의 특사로 이상설, 이준과 함께 파견되었다.
부친 이범진으로부터 1만 루블을 받아 1908년 4월 블라디보스토크 최재형의 집에서 동의회(同義會)라는 300여 명의 의병대를 조직, 그해 7월 7일 함경도 회령까지 진격했으나 일본군에게 패배하고 말았다. 1918년 5월 러시아 적군에 입대하여 공병대에 배속되었다. 이어 제15 소총연대로 옮겨가 기관총부대 부대장이 되었다. 1920년 5월 러시아 공산당 세미팔라틴스크주 위원회에서 활동하였

다. 이때 한인 학교를 설립, 한국어, 영어 등을 가르쳤다. 1924년 10월 이후 행적은 알 수 없다. 정부는 1962년 건국훈장 대통령장을 추서하였다.

* **이진상**(李震相, 1818~1886): 경북 성주 한개마을에서 이원호(李源祜)의 아들로 태어났다. 본관은 성산(星山), 자는 여뢰(汝雷), 호는 한주(寒洲). 그의 숙부는 조선 후기 공조판서를 지낸 응와(凝窩) 이원조(李源祚)이다. 이진상은 17세 때 성리대전을 깊이 공부하였다. 1876년에는 운요호사건 소식을 듣고 의병을 일으키려다 화의가 성립되자 그만두었다. 척사의 취지에서 대학(大學)과 심경(心經)을 자주 강론하였다. 67세에 나라에서 의금부도사를 제수받았으나 취임하지 않았다. 그의 사상은 주자(朱子)와 이황의 주리론(主理論)을 주축으로 형성되었다. 문인으로는 곽종석·허유·이정모·윤주하·장석영·이두훈·김진호 등이 유명하다.

한주 이진상은 성리학의 '성즉리(性卽理)' 사상을 '심즉리(心卽理)'로 설명하였다. 한주는 마음에는 이(理)와 기(氣)가 함께 있지만 주재하는 것은 이(理)라고 설파, 이(理)의 절대성을 강조하면서도 실천을 중시하였다. 이는

자연적으로 그의 제자들을 독립운동으로 이끈 원동력이
되었다. 이 이론은 퇴계 문도들로부터 양명학(陽明學)과
유사하다는 비판을 받기도 했다. 그러나 한주의 심즉리
는 '이'에 방점을 둔 반면 양명학의 심즉리는 '심'에 방
점을 두고 있다. 1897년 『한주집』이 25책으로 간행되어
도산서원으로 보내졌으나 논조가 퇴계 학설에 어긋난다
고 하여 반려되었다. 1902년 11월 상주 도남서원에서는
열린 유림 도회에서 『한주집』 한 질이 불태워졌다. 한주
의 아들 이승희는 제기된 비판을 조목조목 반박하였다.
면우 곽종석은 한주 행장에서 "선생은 일생 주자와 퇴계
의 글에 힘을 쏟아 차 마시고 밥 먹듯이 읽었고, 자신의
말처럼 외우셨다."고 적었다.

* **이정기**(李定基, 1898. 5.~1951. 8.): 경북 성주군 초전면
월곡리에서 태어났다. 자는 여일(汝一), 호는 백아(白
啞). 조부는 파리장서운동에 서명한 면와(勉窩) 이덕후
(李德厚), 외조부는 고령 지역 국채보상운동을 주도한 홍
와(弘窩) 이두훈(李斗勳), 아버지는 이우원(李愚元)이다.
1919년 파리장서운동을 도왔다. 그는 파리장서운동에
서명 의사를 밝혔으나 나이가 어리다는 이유로 137인에

포함되지 않았다.

1919년 파리장서운동 조력자로 붙잡혔으나 4월 30일 불기소로 풀려났다. 이후 1925년 초 중국 베이징에서 김창숙과 만난 뒤, 9월 귀국하여 장진홍 등과 암살단을 결성하고 군자금 모금 활동을 전개하였다. 1928년 1월 조선은행 대구지점 폭파 의거에 연루되어 일제 경찰에 붙잡혔다. 1929년 12월 9일 대구지방법원에서 면소를 받고 풀려났다. 정부는 1995년 건국훈장 애족장을 추서하였다.

* **우재룡**(禹在龍, 1884. 1.~1955. 3.): 경남 창녕 대지면 왕산리에서 6남매 중 막내로 태어났다. 본관은 단양(丹陽), 자는 이견(利見), 호는 백산(白山). 1906년 3월 영천에서 산남의병(山南義兵)을 설치하고 봉기하였다. 1907년 음력 7월 17일 300여 명의 의병부대와 함께 경북 영일(현재의 포항) 청하읍을 공격, 조선인 순사 박내호를 처단하는 등 많은 전과를 올렸다. 산남의병은 1908년 2월부터 7월에 걸쳐 경북 일대에서 일본군과 20여 차례의 전투를 벌였다. 무기 구입을 위해 대구로 잠입했다가 경찰에 붙잡혔다. 같은 해 9월 대구지방법원에서 종신형을 받았다. 1911년 은사령(恩赦令)에 따라 특사로 풀려났다.

1915년 12월 대한광복회의 지휘장으로, 경주에서 대구로 운송되는 세금 운반 우편 마차를 공격하여 8700원을 탈취한 '경북 우편 마차 암습 의거'를 주도하였다. 1919년 상하이에서 대한민국 임시정부가 설립되자 독립운동 자금을 모아 임시정부를 지원하였다. 1921년 5월 군산에서 검거되어 1922년 4월 13일 경성지방법원에서 무기징역을 받았다. 1937년 풀려났다. 1945년 12월 서울에서 대한광복회를 재건하고 부회장을 맡았다. 독립운동 유적지 정화 사업에 전념하다가 1955년 3월 3일 사망하였다. 정부는 1963년 건국훈장 독립장을 추서하였다.

* **유창순**(庾昌淳, 1880. 3.~1943. 10.): 충남 천안 병천면 송정리에서 태어났다. 본관은 무송(茂松), 자는 사원(四源), 호는 송은(松隱)이다. 1906년에는 홍주의병에, 1913년에는 풍기 광복단과 대한광복회에 참여하였다. 1917년 11월 친일 부호 장승원을 처단하고 부호들에게 경고문을 발송하는 등 군자금 모금 활동을 하였다.

1918년 1월 24일 충남 아산군 도고면장 박용하 처단 직후 광복회 회원들에 대한 대대적인 검거 작전으로 붙잡혔다. 이때 김한종을 비롯한 박상진·채기중·김경태 등과 함께 붙잡혔다. 1919년 2월 28일 공주지방법원에서 사형을 선고받았다. 1919년 9월 22일 경성복심법원 징역 10년 형을 선고받았다. 1926년 풀려났다. 정부는 1963년 건국훈장 독립장을 추서하였다.

* **장석영**(張錫英, 1851. 10.~1926. 7.): 경북 칠곡군 약목면 각산리에서 형조참판을 지낸 부친 장시표(張時杓)와 어머니 청주 정씨 사이의 2남 1녀 중 차남으로 태어났다. 본관은 인동(仁同), 자는 순화(舜華), 호는 추관(秋觀)·회당(晦堂). 호적 이름은 장석교(張碩敎)이다. 1878년 한주(寒洲) 이진상의 문하에 나아가 9년 동안 학문을 닦았다. 곽종석, 이승희, 허유와 더불어 주문팔현(洲門八賢) 중 한 사람이다. 『호락변설(湖洛辨說)』 등 저술을 남겼다.
1905년 을사늑약 체결 이후 이승희·곽종석 등 영남 유생 300여 명과 조약 파기와 을사오적 처단을 요구하는 청참오적소(請斬五賊疏)를 올렸다. 국채보상운동 때 경북 성주 지역 회장으로 추천되었다. 파리장서운동에 깊숙이 참여하였다. 1919년 5월 20일 징역 2년을 받았으나 항소하여 풀려났다. 1925년 김창숙이 주도한 제2차 유림단 의거에 동참하였다. 정부는 1980년 건국훈장 독립장을

추서하였다.

* **장승원**(張承遠, 1852~1917): 경북 칠곡 출신으로, 조선
후기의 문신이자 대한제국의 관료, 친일 부호이다. 자는
공유(公裕), 호는 운정(雲庭)이다. 그는 통정대부, 대한
제국 중추원 의관 등을 역임했다. 박상진이 조직한 광복
회에서 군자금을 요청했으나 거부하였다. 독립운동가를
일제 경찰에 밀고하는 등 독립운동에 비협조적이었다.
대한광복회 박상진 총사령의 암살 지령에 따라 1917년
11월 26일 광복회원 채기중과 강순필, 유창순, 임봉주에
의해 총살당했다. 광복회는 장승원을 처단한 뒤 그의 집
대문에 "하늘과 사람의 뜻이 하나로 통하니, 이 큰 죄악
을 세상에 알리고 (친일) 동포들을 경고하노라. 이는 광
복회 회원들이 세상에 선포하고 경고하는 바이다.(天人
是符 聲此大罪 戒我同胞 聲戒人光復會員)"란 글귀를 붙
였다.

* **장지필**(張志必): 1881년 경북 군위에서 장완상(張完相)
의 장남으로 태어났다. 부친 장완상은 한주학파의 문인
이다. 장지필은 19세부터 24세까지 경북 고령의 이두훈

이 설립한 내곡서당(乃山書堂)에서 수학했다. 이두훈은 한주 이진상의 문하에서 수학하였다. 김창숙과 상해에서 함께 활동한 것으로 알려졌다. 이후 장지필은 대한민국 임시정부 경북 칠곡군 통신원에 임명되어 활동하였다. 그는 1919년 5월 이후에는 서간도로 가서 독립운동 단체인 길림군정사(吉林軍政司) 편집국장을 지냈다. 1926년 2월 귀국하여 김창숙의 군자금 모집에 협력한 것으로 보인다. 그가 의열단원이었는지는 명확하지 않으나 일제는 그가 속한 단체를 '의열단'으로 분류하고 있다.

* **장진홍**(張鎭弘, 1895. 6.~1930. 7.): 경북 칠곡군 문림리 (현 경북 구미시 옥계동)에서 장성욱(張聖旭)과 순천 김 씨의 3남 중 맏이로 태어났다. 본관은 인동(仁同), 자는 준극(俊極), 호는 창여(滄旅). 사립 인명학교에 들어가 장지필의 가르침을 받고 1907년 졸업하였다. 1914년 4월 조선보병대에 들어가 서울에서 복무하다 1916년 상등병으로 자원 제대하였다. 그 후 이내성의 권유로 광복회에 가입하였다. 1918년 러시아혁명 직후 하바롭스크에서 볼세비키를 돕는 적군(赤軍)을 도와 적위대(赤衛隊)라는 이름으로 왕정복고를 기치로 내건 백군(白軍)과 싸웠으

나 패배하고 적위대가 해산되면서 귀국하였다.

일제가 3·1운동 진압 과정에 저지른 만행을 폭로하기 위해 피해조사에 나섰다. 1925년 암살단 결성에 참여하였고 1927년 10월 18일 조선은행 대구지점 폭파 의거를 주도하였다. 1928년 2월 일본으로 건너가 도쿄 귀족원과 경시청을 폭파하려고 준비하다가 일제 경찰 최석현의 수사대에 붙잡혀 국내로 압송되었다. 기소 후 1930년 7월 21일 고등법원에서 사형이 확정되자 7월 31일 모아두었던 수면제로 옥중 자결하였다. 정부는 1962년 건국훈장 독립장을 추서하였다. 장진홍 의사의 유해는 칠곡군 석적면 남율리에 묻혔다가, 2024년 가을 서울 현충원으로 이장되었다.

* **최석현**(崔錫鉉, 일본 이름 야마모토 쇼스케, 1893. 8.~ 1956. 4.): 경북 봉화군 소천면에서 태어났다. 1915년 6월 영주헌병분대 헌병 보조원으로 근무하다 1919년 8월 조선총독부 순사로 임명되었다. 이후 고등계 형사로 독립운동가들을 체포해 악랄한 고문을 자행하였다. 1927년 발생한 조선은행 대구지점 폭파사건의 범인을 검거한다면서 영남 독립운동가들을 무자비하게 잡아들여 고문하

였다. 일본까지 건너가서 조선은행 폭파 의거를 주도한 장진홍 의사를 체포해 왔다. 일본에 갔을 때 현지 사찰에서 '흉한(兇漢)을 빨리 잡게 해달라'는 기도를 올렸다고 전해진다.

1927년 독립운동가 김창숙이 체포되어 국내로 압송되자 고문을 가해 앉은뱅이로 만들었다. 1925년에 순사부장과 경부보, 1929년 경부, 1940년 경시 계급에 올랐다. 경북 경찰관교습소 소장과 경상북도 경찰부의 고등경찰과 과장을 지내고 광복 직전인 1945년 7월 강원도 영월군 군수에 임명되었다. 친일반민족행위진상규명위원회가 발표한 친일반민족행위 705인 명단에 포함되었다. 1949년 반민족행위특별조사위원회에 체포되었다가 풀려났다. 한국전쟁 중 사망한 것으로 알려져 있다.

* **채기중**(蔡基中, 1873. 7.~1921. 8.): 경북 상주 이안면 소암리에서 아버지 채헌락(蔡憲洛)과 어머니 곡부 공씨(曲阜孔氏)의 다섯째 아들로 태어났다. 본관은 인천(仁川), 자는 극오(極五), 호는 소몽(素夢). 1906년 경북 풍기로 이주하였다. 경술국치 이후 1913년 풍기 광복단을 조직하였다. 1915년 7월 15일, 대구 달성공원에서 박상진·우

재령 등과 대한광복회를 조직하였다. 대한광복회 경상도 지부장을 맡아 군자금 모금에 나섰다.

1917년 11월 9일 저녁 강순필·유창순과 친일 부호 장승원을 처단하였다. 목포에서 군자금 모집을 벌이던 중 1918년 7월 14일 붙잡혔다. 1919년 2월 28일 공주지방법원에서 사형을 선고받았다. 1921년 8월 12일 서대문형무소에서 형 집행으로 사망하였다. 저술로는『소몽유고(素夢遺稿)』가 있다. 정부는 1963년 건국훈장 독립장을 추서하였다.

* **홍범도**(洪範圖, 1868. 8.~1943. 10.): 평안남도 양덕에 홍윤식(洪允植)의 아들로 태어났다. 본관은 남양(南陽), 호는 여천(汝千). 1893년경 사냥꾼이 되어 1907년까지 14년간 함경도의 삼수(三水)·갑산(甲山)·풍산(豊山)·북청 일대에서 포수 생활을 하였다. 그해 11월 22일 포수 200여 명을 규합하여 북청 후치령에서 의병을 일으켜 일본군 북청수비대, 갑산수비대를 전멸시켰다. 이때 '날으는 홍범도'라는 별명을 얻었다. 1919년 8월 북간도에서 의병 출신과 한국 청년 및 포수 200여 명으로 대한독립군을 창설하고 국내로 진입, 일본군 혜산진수비대를 공격

하였다. 1920년 5월 대한북로독군부 북로사령부장을 맡아 1천여 명의 독립군을 지휘하였다. 같은 해 6월 7일 봉오동 분지에 들어온 일본군 157명을 처단하였다.

그해 10월 22일 이도구 어랑촌 부근에서 김좌진 부대 600명과 홍범도 부대 1400명이 일본군 아즈마지대 5천여 명과 마주쳤다. 10월 26일까지 6일간 청산리에서 10여 차례 교전을 벌여 일본군 1200명을 처단하였다. 청산리 대첩 이후 홍범도·김좌진 부대는 1921년 6월 헤이루장(黑龍江)을 건너 노령 이만으로 갔으나 자유시 참변을 당하였다. 1922년 12월 말 스탈린이 '소비에트 사회주의 공화국 연방'을 출범시키면서 연해주가 소련의 통치구역에 편입되고, 한국인의 무장활동이 금지되었다. 1937년 스탈린 정부의 시베리아 거주 한국인 중앙아시아 강제 이주로 카자흐스탄 크질오르다에서 1943년 10월 25일 75세의 나이로 사망하였다. 2021년, 홍범도 장군의 유해가 78년 만에 조국의 품으로 돌아왔다. 정부는 2021년 건국훈장 대한민국장(1962년 대통령 표장)을 추서하였다.

* **황진박**(黃鎭璞, 1888. 4.~1942. 5.): 경북 선산군 산동면

성수동에서 황봉수(黃鳳秀)의 차남으로 태어났다. 본관은 평해(平海), 호는 월정(月庭)이며, 이명은 황국서(黃國瑞)이다. 1910년 국권이 침탈되자 공부를 포기하고 약장수로 각지를 돌아다니며 동지를 물색하였다. 1919년 서울에서 만세시위에 참여하고 귀향하였다. 그 후 인근 칠곡 후배들인 장진홍·박관영 등과 항일운동의 진로와 방법을 모색하였다. 1927년 10월 장진홍의 조선은행 대구지점 폭파 의거 때 4개의 폭탄 상자 위에 각각 경북 스토 지사, 경북경찰부장, 조선은행 대구지점장의 이름과 아래쪽에는 대구 남산정 39번지 길전상회(吉田商會)에서 보낸다는 한문과 일본어 글씨를 써주었다.

거사 당일 오후 선산군 해평면 괴곡리 한 음식점에서 박관영과 장진홍을 만나 거사 전말을 전해 들었다. 수사망이 좁혀오자 1928년 2월 장진홍과 함께 일본으로 건너갔다. 효고현 부고군(武庫郡) 양원촌(良元村)에서 조선인 노동자용 숙소를 운영하면서 노동자들의 권익옹호 활동도 벌였다. 1929년 2월 장진홍과 함께 붙잡혀 대구형무소에 구금되었다. 1930년 2월 17일 징역 1년 6월을 받고 옥고를 겪었다. 출소 후 일본으로 건너가 1933년 3월 오사카에서 400명 이상의 회원으로 설립된 스이타내선우

애회(吹田內鮮友愛會)의 중심인물로 활동하다 1942년 5월 사망하였다. 정부는 1990년 건국훈장 애족장(1968년 대통령 표창)을 추서하였다.

맺는말

    역사의 기록에는 장진홍이 동경경시청 폭파 계획 실행 직전에 체포되었다고 한다. 미완(未完)의 의거였다. 그러나 작가로서 이 이야기 속에서만이라도 그의 원대한 꿈이 이루어지게 하고 싶었다. 그래서 '동경경시청 폭파'라는 픽션을 만들어냈다.

    역사의 차가운 기록이 미처 담아내지 못한, 한 독립투사의 활화산 같은 열정과 의지를 온전히 담아내기 위함이다.

    그 이외의 이야기는 역사적 사실을 충실하게 반영하도록 노력했다. 그가 터뜨린 폭탄의 굉음은 '불의에 침묵하는 것은 곧 불의에 동조하는 것'이라는 한주학파의 가르침이나 다름없다.

    장진홍의 행적은 아이러니하게도 그를 쫓던 일제 악질 경찰 최석현의 수기 '대구 조선은행 지점 폭탄 범인을 법정에 보내기까지'에 상세하게 기록되어 있다. 이 수기는 친일 행적을 미화하고 있으나, 동시에 한 독립투사의 위대한 발자취를 역설적으로 증명하는 비극적 사료가 되었다.

우리는 이 모순된 기록 속에서, 극심한 고문에도 끝까지 동지들의 이름을 밝히지 않은 채 모든 행위를 홀로 짊어진 장진홍의 희생정신을 목격한다. 그의 의거가 단독범행으로 기록된 것은, 한주학파라는 거대한 정신적 연대가 그의 숭고한 침묵 속에 오롯이 숨겨졌음을 의미한다.

그의 호(號), 창려(滄旅)는 '푸른 파도를 건너는 나그네'라는 의미를 담고 있다. 이 호(號)에는 만주와 러시아, 일본을 오가며 조국의 독립을 위해 헌신했던 험난했던 삶의 여정이 담겨 있다. 그는 홀로 폭탄을 들고 거대한 제국에 맞섰지만, 결코 혼자가 아니었다. 그의 뒤에는 의(義)를 중시하고 불의에 항거했던 한주학파의 정신이, 그리고 수많은 독립투사들의 염원이 함께 빛나고 있다.

오늘날 우리는 풍요로운 대한민국에 살고 있다. 그러나 독립을 위해 모든 삶을 바쳤던 이들의 후손들이 여전히 고단한 삶을 살고 있다는 사실은 우리에게 깊은 부채감을 안겨준다. 장진홍 의사의 가족사 또한 다르지 않다. 그의 후손들 역시 고단한 삶을 면치 못했다. 장진홍 의사의 6남매는 모두 세상을 떠났고, 2025년 겨울 현재 손자인 장상규 씨(88세)가 광복회 칠곡 고령 연합지회장으로 10여 년째 활동하고 있다.

그럼에도 불구하고 희생을 마다하지 않은 장진홍의 삶은 우리에게 묻는다.

과연 우리는 불의 앞에 침묵하지 않을 용기가 있는가?

불의를 보고도 애써 외면하는 우리의 모습은, 그의 의거를 보고도 못 본 척 지나가는 무지한 세태와 무엇이 다른가?

심산 김창숙 선생은 후손들에게 이렇게 말하곤 했다.

"나라를 찾는 건 시작일 뿐 올바른 나라를 만드는 것이 진정한 독립이다."

지금 세계는 약육강식의 전쟁터를 방불케 하고 있다. 민족적으로는 남북통일의 갈 길은 멀어만 보인다. 이러한 가운데 국내적으로는 이념과 지역, 세대 간의 갈등이 극과 극을 치닫고 있다.

우리는 지금 과연 올바른 나라를 만들고 있는가?

그런 점에서 목숨을 아끼지 않은 독립운동가들의 비장한 삶은 우리 후손들에게 깊은 울림과 반성을 전한다.

이 이야기가 장진홍, 그리고 그와 함께했던 의인들의 위대한 희생을 기리는, 미흡하지만 가슴에 담아둘 수 있는 기록이 되길 바란다.